儿童体适能教学与训练指导

黎琼芳　刘昌滨　胡媛媛　主　编

中国纺织出版社有限公司

图书在版编目(CIP)数据

儿童体适能教学与训练指导 / 黎琼芳,刘昌滨,胡媛媛主编. -- 北京：中国纺织出版社有限公司, 2023.5
ISBN 978-7-5229-0620-1

Ⅰ. ①儿⋯ Ⅱ. ①黎⋯ ②刘⋯ ③胡⋯ Ⅲ. ①儿童—身体训练 Ⅳ. ①G808.17

中国国家版本馆 CIP 数据核字（2023）第 094088 号

责任编辑：张　宏　　责任校对：高　涵　　责任印制：储志伟

中国纺织出版社有限公司出版发行
地址：北京市朝阳区百子湾东里 A407 号楼　邮政编码：100124
销售电话：010—67004422　传真：010—87155801
http://www.c-textilep.com
中国纺织出版社天猫旗舰店
官方微博 http://weibo.com/2119887771
北京虎彩文化传播有限公司印刷　各地新华书店经销
2023 年 5 月第 1 版第 1 次印刷
开本：787×1092　1/16　印张：9
字数：150 千字　定价：98.00 元

凡购本书，如有缺页、倒页、脱页，由本社图书营销中心调换

前　言

儿童体适通常情况下是体能适应性，包括力量、辨别和手眼协调能力等。适当地做一些体适能，可以提高孩子的身心健康和锻炼反应能力等，通过体适能可以锻炼孩子的反应能力、辨别能力和手眼协调能力等。体适能锻炼，可以提高孩子的身心健康。因此，从事相关教育的工作者对儿童体适能的教学和训练越来越重视。

教育者对儿童体育教育的相关课程进行更加深入的研究。因体适能的内容，符合我国国情，符合健康的定义。基于此，本书有针对性地对我国儿童体适能教学和训练原则、方法提出建议，以期为更好地推进儿童体育活动开展提供有益指导，同时更好地促进儿童的全面健康发展以及对我国儿童体适能的发展和我国儿童体适能课程开发提供一些发展经验。

本书共分为 8 章。第 1 章介绍了什么是健康体适能；第 2 章介绍了最佳健康体适能训练；第 3 章介绍了基本训练原则；第 4 章介绍了教学方式和教学策略；第 5 章至第 8 章主要介绍了健康体适能的训练指导，包括有氧适能、肌力和肌耐力、柔韧性和身体成分。希望本书能帮助大家了解儿童体适能并帮助相关教育工作者对儿童体适能教学有所感悟和启示。

本书由广西民族师范学院黎琼芳、刘昌滨和胡媛媛担任主编，刘东东和张兆龙担任副主编。

本书的撰写参考了许多同行和专家学者的研究成果，在此表达诚挚的感谢。由于作者水平有限，书中难免存在不足之处，恳请相关学者和读者予以批评指正。

作　者
2023 年 1 月

编委会

主　编　黎琼芳　刘昌滨　胡媛媛
副主编　刘东东　张兆龙

目 录

第1章 健康体适能概述 ·· 1
  1.1 健康体适能 ·· 1
  1.2 训练原则 ·· 2
  1.3 FITT 指南 ··· 4
  1.4 训练交流会 ·· 4

第2章 最佳体适能训练 ·· 5
  2.1 最佳体适能训练计划 ·· 6
  2.2 最佳体适能训练计划的独特性 ································· 7

第3章 基本训练原则 ·· 11
  3.1 了解基本训练原则 ··· 12
  3.2 应用基本训练原则 ··· 13
  3.3 体育活动的各个阶段 ··· 19
  3.4 社会支持和安全指南 ··· 21

第4章 教学方式和教学策略 ··· 25
  4.1 教学环境准备 ··· 26
  4.2 教学形式 ··· 29
  4.3 增强课堂环境中的健康体适能 ································ 37
  4.4 增加体育活动时间 ··· 41
  4.5 技 术 ·· 43

第5章 有氧适能 ·· 47
  5.1 有氧适能的重要性 ··· 48
  5.2 有氧适能的定义 ··· 49
  5.3 有氧适能教学指南 ··· 49
  5.4 确定需要的体育活动量 ······································· 51

5.5	有氧适能的训练原则与强度检测	51
5.6	跨学科思想与有氧适能的训练方法	59
5.7	通过有氧适能活动提高运动技能	62
5.8	有氧适能活动安全指南	63
5.9	有氧运动训练	64

第6章 肌力和肌耐力 … 77

6.1	肌力和肌耐力的定义	77
6.2	抗阻训练的益处、注意事项	79
6.3	肌力和肌耐力的教学指导	81
6.4	肌力和肌耐力的训练原则	82
6.5	肌力和肌耐力的训练方法	86
6.6	提高运动技能与安全指南	90
6.7	肌力和肌耐力训练	93

第7章 柔韧性 … 103

7.1	柔韧性的定义	103
7.2	拉伸的种类	104
7.3	柔韧性的益处	106
7.4	柔韧性的影响因素	107
7.5	柔韧性的教学指导	108
7.6	柔韧性的训练原则	109
7.7	提高运动技能与安全指南	111
7.8	柔韧性训练	113

第8章 身体成分 … 121

8.1	身体成分教学指南	121
8.2	身体成分与健康体适能要素	124
8.3	身体成分的测试方法	125
8.4	身体成分训练	130

参 考 文 献 … 137

第1章　健康体适能概述

1.1　健康体适能

进行健康体适能教学时，我们不仅应重视体育训练，而且应注重研发趣味活动，以带动学生的积极性。"最佳体适能"强调改善体适能不应只注重身体健康，抑或达到某个成绩水平，而要养成终身锻炼的生活方式。我们课程的重点是促进学生在中学阶段加强对基础概念和技能的学习及掌握，向他们传递体育锻炼的价值，这样学生在当下或日后将会主动参与体育锻炼。

研究表明，青少年参加休闲活动和体育运动主要有以下三大原因。

(1) 提升并展示身体运动能力（运动技能、健康、体形）。

(2) 获得来自朋友、搭档、他人的社会认同和支持。

(3) 参加有趣的体育活动，提升乐观积极的情感体验。

许多残疾学生需要系统的健身计划，如"最佳体适能"，以确保他们可以感受到乐趣并提高整体生活质量。在体育训练中，学生是教学计划和教学流程的重要部分，但每个学生获益程度不同，参与程度不一（可能并不是所有学生都适合健康体适能计划），因此，教师可以根据具体情况进行调整。

教师在进行最佳体适能训练教学时应参考以下建议，这些建议可帮助调动学生训练的积极性，让他们主动参与终身健身活动，以保持身体健康。人们认为，体适能是一种属性，指完成某项体育活动所具备的能力，而体育运动则是肌肉收缩、消耗能量所产生的身体运动。青少年进行体育锻炼并不知晓锻炼的益处，此时，教师应该让他们知道，进行体育锻炼会让他们的身体更具活力，鼓励学生尝试更多的体育和娱乐活动。

1.2　训练原则

1.2.1　超负荷原则

超负荷原则是指人在进行体育锻炼时，特定的肌肉所受到的刺激要强于不锻炼或已适应的刺激强度。随着训练的不断进行，人体会适应原有的训练负荷，接着需要再次打破平衡，加大训练负荷，寻求新的平衡，一般可以通过活动的频率、强度、耐力（时间）来加强负荷。为了向学生解释超负荷原则，教师可以记录他们做一项训练的时长，或者他们重复一项训练的次数。教师可以在学生背着装有书本或重物的双肩背包和不背背包的情况下进行心率监测，向他们解释人体如何适应超负荷，这样随着训练不断进行，学生便能够更轻松地完成同等负荷的训练。

1.2.2　循序渐进原则

循序渐进原则是指如何在训练中逐步增加负荷，通过控制三种训练的频率、强度、时间或兼具三者，人们应该逐渐提高训练水平。学生应该明白，提高体适能水平是一个循序渐进的过程。

该原则强调所有的进步都必须循序渐进，如果增加过多负荷，身体就难以适应，并且可能会适应较慢或损伤肌肉，无论何种结果都将会打消学生参加训练的积极性。比如，学生可以通过完成反向仰卧起坐认识自己的进步，因为在做这个动作的时候，学生放低身体，然后逐步努力，完成一个标准的仰卧起坐动作。进行俯卧撑训练时，也可以采用同样的方式，先降低学生的动作要求，随着他们慢慢进步，就会有足够的力量完成一个完整的俯卧撑。对于学生而言，循序渐进的目标不仅是一种挑战，也是为他们创造更多成功的机会。为了帮助学生更好地理解循序渐进原则，同时让他们看到自己在逐渐进步，可以让他们记录自己的成长与进步（比如，坚持记日志或日记）。教师还可以通过对比学生训练前后的测试成绩来有效地帮助他们理解循序渐进的原则。

1.2.3　专门性原则或训练类型

专门性原则或训练类型是指根据训练的目标选择恰当的训练手段与方法，使身体的某个特定部位通过训练达到预期效果。如果训练的主要目的是提高自己的有氧体适能，你就必须进行有氧运动，以增强心肺功能。这个原则适用于所有健康体适能运动，也适用于单一的健身领域。例如，进行肱二头肌弯曲运动有助于提高肱二头肌的力量，但是对于腿部肌肉就没有效果。

1.2.4　周期性原则

要坚持周期性原则是因为"用进废退"的道理。如果我们半途而废，所有通过体育锻炼所获得的健康成果都会消失殆尽。每次训练之后，身体需要一定的时间进行恢复。如果恢复时间太短，可能会导致身体出现受伤或过度训练的后果；如果恢复时间过长，则会导致训练停止或失去健身和体育训练的效果。训练所需恢复时间根据健康体适能的区域变化而发生变化。美国运动医学会（ACSM）建议每周3天交替进行力量和耐力训练，可增加身体的活力，然而日常训练最有利于提高柔韧性。同样，提高有氧运动能力的最低频率也是每周3天，当然最好是每周5~7天。教师需要注意训练的一致性，除非所训练的是运动员，否则不要轻易调整训练等级和要求。

1.2.5　个性化原则

个性化原则是指考虑到每个人开始训练时，体适能水平不一，例如，进行的体适能训练和所想要达到的个人目标以及遗传潜力也有所不同。学生对训练等级和条件所产生的生理反应通常不易衡量，因为在成长和逐渐发育成熟过程中，会发生复杂的变化。教师应预设每个学生在课堂活动中都会有不同的反应，例如，有些学生会进步，有些则不会；有些学生会喜欢这些活动，有些则不喜欢。教师要做的是在教学计划中考虑每个学生的原有水平和个人目标，以在课堂上给他们提供可选择的机会。

附赠资源中有这些原则的复用图，可帮助学生们记住这些原则。

1.3 FITT 指南

"最佳体适能训练"应用了 FITT 指南来改善健康和体适能水平。

FITT 描述的是频率 F（多经常）、强度 I（多努力）、时间 T（多久）以及改善和保持健康所需的运动类型 T（哪种训练），FITT 指南还提供了安全应用先前描述的训练原则的方法。

1.4 训练交流会

无论是指导幼儿园的小朋友还是高年级学生，在训练课程开始前，都应该告诉他们这节课程的目的以及如何通过这一天的训练来帮助他们实现课程目标或个人目标。每项训练活动都应结合系统的教学方法，不仅要确保学生的安全，而且要让身体准备好接受严格的训练。体适能训练一定要根据学生的身体情况进行调整，通过训练，学生就能理解和感受进行体适能训练的重要性。上课时，也需要让学生得到一定的放松，而教师可在这个时候进行活动回顾和效果评估。

第 2 章 最佳体适能训练

大多数人都知道静坐少动的生活方式所带来的危害，但这是远远不够的，参与足量体育活动和保持体能活跃有很多益处。其中，以下6项益处格外重要。

（1）增强肌肉力量和耐力。

（2）强健骨骼和肌肉。

（3）控制体重。

（4）减少焦虑，减轻压力。

（5）提升自信和自尊。

（6）控制血压和胆固醇水平。

年少时期积极参与体育活动会为终身保持锻炼的习惯奠定基础。少年（6~17岁）应每天至少参与体育活动1小时。而2007年的调查显示，1周内至少5天每天进行体育活动超过1小时的高中生人数仅占35%，只有30%的高中生每天都上体育课。随着年龄的增长，参与体育活动的儿童和青少年越来越少。

参与体育活动不仅对个人的健康有积极影响，而且能带动整个社会的发展，因为积极运动的人工作效率会更高。积极参与体育活动的人还会拥有更乐观、健康的心态。因此，无论在工作还是家庭中，他们都能用积极的态度处理复杂的突发状况。

近年来，人们对健康表现出了空前高涨的兴趣。报纸上每天都有关于健康医疗问题的科普文章、广告；社区里也出现越来越多以"健康生活"为主题的讲座课程；电视台也加大了宣传健康问题的力度，每周都播出健康专题讲座。与此同时，科技的发展也带来了某种便利，通过互联网，人们能更快、更轻松地找到最新的健康研究报告和关于健康问题的问答。国家体育总局青少司发布了《中国青少年体育发展报告（2016）》，2022年中国青少年研究中心发布了《青少年运动健康报告》。

以学校为基础的体育课广受关注，因为它有效地增加了儿童和青少年的体育活动时间，增强了他们的体质体育教育使学生参与体育锻炼，从而对儿童和青少年的健康状况产生显著的积极影响。虽然这个理论不是新提出的，但越来越多的重要研究表明，体育课对学生体质的增强发挥了重要作用。体育教育计划为儿童和青少年在生活中积极参与体育活动奠定了基础，让他们变得更加活跃，从而健康地生活。体育教育工作者还可以向社区居民传授知识，让他们了解体育锻炼和健康生活之间的紧密联系。而人们在明白有效的体育教育计划对儿童和青少年健康产生的积极影响后，会推动社区体育活动的建设。体育教育工作者能把社区诊所、社区内体育活动参与者、医生和当地政府联合在一起，共同促进人们参与体育活动。学校的体育教育不仅可以提高学生的认知能力，而且能增强其体质，当人们意识到这一点后，就会对学校更加支持。而体育课既能帮助学生养成有益健康的好习惯，又能让学生有参与增进健康的体育活动的机会。

2.1　最佳体适能训练计划

20世纪80年代初，美国健康、体育、休闲和舞蹈联盟及美国国家运动与体育教育协会一致认为，应该发起一个训练计划，以帮助年轻人了解终身参与体育活动的重要性。这个训练计划从健康体适能的角度出发，对象是全体学生，与学生的运动能力和健康状况无关。就这样，在1987年，最佳体适能训练计划就应运而生。

最佳体适能训练计划是一个综合性的健康体适能教育项目，它提出的一系列实践和理论知识都包含在一个高质量的体育教育项目里。最佳体适能训练计划基于一定的标准，帮助教师和学生在有关健康体适能的体育教学过程中共同努力，达到美国国家运动与体育教育协会制定的体育教学标准。最佳体适能训练计划旨在帮助学生增强体质，达到最佳的身体状态。

在此必须说明，最佳体适能训练计划不是一个独立的课程，最佳体适能训练计划中的内容可以作为教学资源的一部分和现有课程搭配使用，但并非教学大纲。

为了帮助大家更好地了解最佳体适能训练计划目标，我们必须明确一些常用术语的含义。"健康体适能""体育活动""锻炼"等词，在大众媒体中经常被视为同义词。健康体适能是指衡量一个人进行需要耐力、力量或柔韧性等的体育活动的能力。这种能力的实现需要后天定期运动与先天能力相结合。健康体适能的组成部分包括有氧适能、肌力与肌耐力、柔韧性和身体成分，而这些都和人的健康状况密切相关。

（1）人们经常将技能体适能与健康体适能的内容混淆，技能体适能往往和某一体育运动同时出现，对于提高技能或完成动作十分关键。技能体适能包括灵敏性、协调性、反应时间、平衡性、速度和爆发力。个体即使不具备高水平的技能体适能，仍然可以终身参与体育活动，拥有健康的生活方式。健康体适能和技能体适能虽不能截然分开，但是最佳体适能训练计划以健康体适能为主。

（2）体育活动是指任何由骨骼肌收缩引起的产生能量消耗的身体运动。它包含的范围很广，包括工作、娱乐活动以及日常生活中的劳作、散步和家务劳动。这些活动有低、中、高强度之分，人们有规律地参加体育活动会改善健康状况。

（3）锻炼是一种重复的体育活动，具有组织性和计划性，用以提高健康体适能的某个或多个成分。

最佳体适能训练计划侧重于体育活动（不只是锻炼）的积极作用，提供多种有趣的活动；学生通过进行各种可持续终身的体育活动，学习知识与技能，养成乐观、自信、有益身心的生活态度。

越来越多的人开始意识到体育活动对身体健康的重要性，但是，公立学校的体育课正被弱化。在这样的背景下，青少年参与体育课的次数和体育活动的概率均在下降。

2.2　最佳体适能训练计划的独特性

最佳体适能训练计划的综合性、全面性是其真正的独到之处，它把新的科学研究与全美国体育教育工作者的实践经验和活动结合在一起。下面罗列出这些特点，让此计划成为体育教育工作者和学生的实用工具。

（1）全面的理念框架——体育教育工作者可以通过最佳体适能训练计划得到一个大纲，传授给学生关于体适能和活动计划的理论知识，同时帮助学生理解及重视健康体适能的观念及健康体适能与健康生活方式之间的关系。该计划还包括评估、目标设定和激励策略，除此之外，还涉及一些综合性课程（跨学科领域，认知能力、情感和心理活动3个学习领域）并为亲子活动与社区活动提供了构思和建议。

（2）积极参与——活动设计保证所有学生能够参与其中，并在大部分时间内保持活跃。每个小组都要限制人数（每组2~4人），这样每个学生都有大量练习时间和机会。还要设置多个活动站点，避免学生在轮流活动时等待时间过长。

（3）个性化活动——活动设计也需保证每个学生都能找到适合自己体能和水平的活动，并为学生提供其所擅长的可选活动，帮助学生超越最低标准。活动设有多级目标、不同活动时长、多种测试评估、多种难度的可选任务等。每个人都可以自由选择自己感兴趣的活动，甚至可以在不影响活动的健身效果的基础上，根据自己的需要、目标和能力，对活动进行调整。总之，最佳体适能计划强调参与者享受其中，鼓励学生在积极的学习氛围中为追求成功而付诸努力。

（4）享用终身——鼓励学生定期参与一项或多项体育活动，学生会形成良好、健康的生活方式，并增长知识、习得技能、学会自我激励。

（5）与健康相关的体育活动（体能和技能的提升）——学生参与安全有序的活动，以维持并改善健康体适能的组成部分（有氧适能、肌力与肌耐力、柔韧性和身体成分）。但需要明确的是，活动的目的在于改善个人身体状况，而不是达到不现实的标准。该计划还综合了新的体能测试系统，以求把评估和活动结合在一起，共同构成改善身体健康状况的方案。

在过去，一些体育教师会说："我教学生橄榄球、篮球、排球和垒球。"最佳体适能的教师会说："我告诉儿童和青少年要积极参与体育活动以及形成健康生活方式的原因和方式。"这些答案就整合在了从幼儿园到12年级的健康体适能教学计划之中，正是这些教学计划所配备的资源和专业发展培训，让最佳体适能训练计划具有了真正的独特性——在学生及教师的成功之路上具有切实的指导意义。

体适能教学与训练指导：小学阶段。本书包括帮助从幼儿园到5年级学生获得知识、技能、鉴赏力和自信心的相关知识，有助于学生积极参与训练，养成健康的生活习惯。在美国，这种易于使用的教学训练已被体育教育工作者研发并成功运用。本书包含的训练有竞争性与非竞争性的活动、要求严格与要求一般的活动以及任务完成时间最大化的活动。最重要的是，所有训练活动都是寓教于乐。随书附赠的内容包括了与训练相关的复用图。

体适能教学与训练指导：初中和高中阶段。本书的内容与小学阶段的指导相似，但本书面向小学六年级至高中三年级的学生。本书所含的内容让我们对日常体育活动的重要性有更深入、更丰富的理解。初中和高中阶段的训练指导增加了专注于个人健康体适能训练计划的部分，使学生在高中毕业后能掌握所需要的技能，积极参加日常体育活动。

最佳体适能训练计划以推广终身参与体育活动为目标，通过传授并实践健康体适能的概念，补充并支持了现存的体育教育计划，最佳体适能训练为全面体育教育课程提供的教材方面的优势简要介绍如下。

（1）基于当前研究、专家、现场实践的理论和材料。

（2）传授终身参与体育活动的益处。

（3）发放最佳体适能健康专家认证。

（4）专注于积极因素（如学生的优势和快乐的活动氛围）。

（5）个性化教学，每个学生都可以从中受益并取得成功。

最佳体适能训练方法会促使学生养成即使脱离高质量的体育教育计划，长大成人后依然追求健康的生活方式，终身参与体育活动的习惯。

第3章 基本训练原则

在过去的几十年里,研究者们已经就积极运动的生活方式对健康的相关益处有了一个较为全面的理解。如大家所知,规律的体育活动有利于身体健康,使成年人避免患上各种慢性病,包括心血管疾病、高血压、肥胖症、2型糖尿病和骨质疏松症。虽然成年人的体育活动和身体健康之间的联系已经得到了有效验证,但目前还没有足够的科学依据证明在年轻人身上也存在同样的联系。尽管没有直接证据,专家们仍然认为,许多老年性慢性病始于儿童和青少年时期,是一种持续加剧的过程。因此,向年轻人大力推广体育活动得到了人们广泛的支持,降低疾病风险和增进公共健康的推荐策略。儿童和青少年参与日常体育活动,对心血管系统、肌肉骨骼和心理方面都有即时的积极影响,更重要的是养成成年后依然积极运动的生活方式。许多知名专家和组织表示,应把学校体育教育计划放在重要位置,为推广终身体育活动发挥重要作用。

体育教育计划能否成功促进学生养成终身运动的习惯,取决于许多变量,包括身体技能发展、自我监督能力、在不同运动形式中的表现、个性化活动、安全的环境等。培养成年人积极运动的方式是,传授他们基本的训练原则和FITT(频率、强度、时间和类型)原则,这两个概念为设计安全有效的体育活动计划奠定了坚实的理论基础。基本训练原则是科学的概念,构成了计划设计的基础;FITT原则代表关键决策,目的是满足个人体育活动和健康体适能的需求。尽管很多教师可能对这些知识比较熟悉,但本章还是提供了一个简明的参考,以帮助教师更好地教授这些知识。

3.1 了解基本训练原则

基本训练原则（超负荷原则、循序渐进原则、专门性原则、周期性原则和个性化原则）描述了在训练健康体适能的5个组成部分时（有氧适能、肌力、肌耐力、柔韧性和身体成分），身体对体育活动产生生理应激反应的方式。这些原则通过控制体育活动的频度、强度、时间和类型，所带来所需的生理变化，这种因为规律的体育活动或运动而发生的生理变化被称为适应性训练。虽然基本训练原则是包括学校体育课在内的所有体育活动计划的基础，但是针对儿童的适应性训练效果是有限的，因为他们并不能像成年人一样对训练做出应激反应。当把这些原则应用于课堂活动时，关键因素是这些原则允许教师进行个性化教学，以满足各类学生的需求，包括经常运动的学生、静坐少动的学生、有身体障碍的学生和缺乏动力的学生等。教师期望所有学生都设定一样的目标、对同一体育活动有兴趣、处于同样的体适能水平，这是不现实的。由于每个学生对体育课上的活动有不同反应，遵循基本训练原则是更注重个性化方式的基础。例如，教师不应该要求全体学生都在活动场所跑圈，而应该让学生自己在步行、慢跑和步行慢跑相间中进行选择。如果在一个活动场所进行多个课程，这个训练课程就需要遵循所有基本训练原则，并允许学生参与活动的难度和类型与其兴趣及需求一致。

超负荷原则是指一个身体系统（心肺、肌肉或骨骼）对某一负荷刺激基本适应后，适当增大负荷使之超过原有负荷，以达到预期的适应性训练。超负荷被视为积极的刺激源，可通过控制频度、强度或时间加以应用。但是需要注意，不要把超负荷原则和"过度训练"相混淆。过度训练是指在训练量过多或训练强度过高的基础上，没有足够的时间恢复。过度训练的症状表现为精力不足、疲劳、沮丧、肌肉酸痛、食欲不振和易受伤。

循序渐进原则是指为保证运动的安全有效，超负荷刺激应在一段时间内逐渐增加。如果短时间增加太多、太快，就会形成过度训练或过劳性伤病的风险，学生就可能会降低参加体育活动的积极性，甚至停止参加体育活动。相反，如果不能逐步调整频度、强度和时间，会造成长时间无法产生应激性变化。教师需要反复强调积极运动和提高体适能水平是一个循序渐进的过程。

专门性原则是指某一产生适应性训练的体育活动只针对特定的身体部位或系统，对其他身体部位或系统几乎无效。例如，一个人为了提高股四头肌的肌力或肌耐力，必须进行针对股四头肌群的抗阻训练，如腿部推举或膝关节拉伸练习。同样的道理，想提高锻炼肌肉柔韧性的学生，需要进行针对该肌群的几项拉伸练习，如坐位体前屈。进行有氧适能训练时，与短跑相比，长跑运动员的训练计划中多为低强度、长距离的跑步训练。换言之，体育活动计划应该体现训练的预期结果或适应性原则。

周期性原则的理论基础是一句谚语——"用进废退"，是指为了达到预期效果，学生必须定期参与体育活动，如果不坚持积极运动，所有通过训练达到的体适能水平就会慢慢消失。该原则能帮助学生牢记终身体育活动的重要性，因为在儿童或青少年时期获得的体适能水平和健康成果都是暂时性的，如果成年后不积极参与体育活动，所有成果都会逐渐消失。

个性化原则考虑到每个参与体育活动的人都有不同的目标和兴趣、身体变化的可能性、目前的活动模式、体适能水平、社会心理学特征和环境因素。在体育课中，为了帮助学生选择、发展终身参与的体育活动计划，教师根据 FITT 原则为他们提供大量选择机会，是一个重要的方法。复杂一点的，如高中生可以选修体育课，例如，攀岩、网球、高尔夫和负重训练，这些类型的体育活动都是可以持续终身的休闲活动；而简单一点的，如小学生在玩捉人游戏时，可以加上一系列由简单到复杂的规则（如直线跳、跨越跳或双人跳绳）。

3.2 应用基本训练原则

运动处方是制订个性化的体育活动计划，在运动过程中提高体适能水平，降低患慢性退行性疾病的风险并保证参与者的安全性。设计运动处方时应用遵循 FITT 原则（频度、强度、时间和类型）及合理的进展速度，考虑各种问题，包括参与者的身体状况、当前活动量、经历、个人喜好和健身目标等，以做出重要决策。

3.2.1　FITT 原则

FITT 原则是将基本训练原则运用于体育活动计划制订过程的方式。对于不同的参与者，无论是大学生运动员、报名参加了个人健身课程的高中生，还是加入了课余健身教育俱乐部的小学生，体育教育工作者都要应用 FITT 原则，帮助参与者制订合理有效的锻炼计划。在精确实施原则和计划时，应根据各种因素进行调整，包括计划目标和结果、体育活动项目的环境或内容、参与者的决心和教师的资格认证。关于健康体适能的各个组成成分，更多具体的 FITT 原则见本书的第 5 章至第 8 章。

3.2.2　频度

频度是指一个人多久进行一次有针对性的体育活动。对于健康体适能的每个组成成分来说，最有效、最安全的频度通常是每周活动 3~5 天，其中有氧适能活动几乎可以每天进行。大部分专家认为，增强肌力和肌耐力的训练则例外，这些活动应该被限制在每周不连续的 3 天进行，除非每天锻炼的肌群各不相同。

3.2.3　强度

强度是指一个人运动时感觉到的困难程度，是设计体育活动计划最关键的部分之一。适宜的运动强度取决于多种因素，包括参与者的决心、个人目标、当前体育活动和体适能水平。例如，想要提高竞技运动表现的参与者相对想要促进身体健康的参与者而言，其运动强度需要更高，而且，已经定期参与体育活动的学生比之前总是静坐少动的学生更容易适应更高强度的运动。当学生的初始体育活动或体适能水平较低时，教师应采用较低强度的活动，以确保学生有更轻松愉快的体验，减少任何潜在的不适或肌肉酸痛症状。

3.2.4　时间

时间或持续时间是指单次运动应进行多久。和 FITT 原则中的其他方面一样，时间长短取决于指定的健康体适能成分，并与强度成反比。低年级的学生比高年级的学生更难理解这个概念，相对高年级学生和青少年来说，低年级的学生一次性完成高强度体育活动的可能性更低。

3.2.5 类型

类型是指学生为提高健康体适能各个组成部分而选择参与的活动模式或种类。例如，为了提高有氧适能，学生可能会选择散步、骑行、轮滑、爬楼梯或能长时间提高心率的其他活动。肌肉适能的提高则通过抵抗外部阻力，收缩肌肉或肌群来完成。外部阻力可以来自负重器械、各种阻力器械、弹力带、体重、药球或同伴。柔韧性的提高则通过反复拉伸肌肉至超出其正常的静止长度来实现，训练模式包括静态拉伸和动态拉伸。最重要的是，教师应该鼓励学生选择自己喜欢的并与个人健康状况、体适能水平和运动目标相一致的活动。小学和初中的教师应提供多种类型的活动，这有助于学生在高中甚至更远的未来做出负责任的决定。

3.2.6 FITT 年龄差异

许多体育教育工作者都知道如何把基本训练原则和 FITT 原则应用于成人，但往往忽略儿童和成人的不同，运动处方的传统理念不应该刻板地应用于儿童。教师应通过指导来鼓励儿童参与有趣的活动，而不是通过枯燥的训练增进儿童的身体健康。大多数研究表明，儿童的体育活动习惯与其体质健康水平并非正相关关系，他们对于同样方式的结构化训练的应激反应与成人略有不同。因此，对大多数儿童而言，以灵活的方式不断增加中等强度的体育活动量，最终养成终身运动的习惯，可能是对 FITT 原则更合理地应用。在这种模式下，教师需要鼓励儿童减少静坐少动的时间，每天进行超过 60 分钟的日常体育活动、有氧运动、活动运动、柔韧性和肌肉运动。体育活动金字塔是一个十分有效的工具，教师可以通过该工具教导学生如何在保持个人体育活动多样性的前提下，合理安排健康体适能的各个组成部分。

有氧适能活动组成了体育活动金字塔的绝大部分，以下是对儿童和青少年（6～17岁）的一些建议。

（1）儿童和青少年每天参与体育活动的时间应不少于 60 分钟。

（2）每天 60 分钟以上的活动应为中等强度或高强度的有氧运动，每周应至少有 3 天进行高强度体育活动。

《体适能教学与训练指导：小学阶段》中提到以下内容。

（1）小学生应每天参与同年龄相适应的体育活动，累积时间应为 1 小时到几小时，其中应包含间歇性的中等强度或高强度的体育活动。

（2）小学生应每天参与多次、每次至少 15 分钟的体育活动。

（3）小学生应每天参与各种与年龄相适应的体育活动，以达到最佳的健康状况、体适能状况和运动表现水平。

（4）反对小学生长期（2 小时及以上）不活动，尤其是白天。

体育教育工作者可以应用以下指南来提高教学质量，同时在体育课外推广积极运动的生活方式。

（1）在校日全天为学生提供活动时间，包括课间休息和学生短暂活动的时间，作为体育课的补充。

（2）鼓励学生在体育活动方面进行自我监督。

（3）个性化活动。

（4）给学生提供多种体育活动。

（5）提供反馈意见，以鼓励学生参与活动并不断努力；避免对活动进度或重复次数进行反馈。

（6）不要占用课堂时间进行体育活动，包括基本技能发展。

（7）做积极运动的榜样。

（8）关注学生的态度，帮助他们设定目标，并提供可实现的挑战来实现这些目标。

（9）通过告诉学生不同活动的价值并寻找适合其参加的活动或活动计划，提高学生锻炼的主观能动性。

（10）在学校外推广体育活动。

（11）考虑学生成人后仍能坚持参与的终身活动，如散步、慢跑、徒步或骑自行车。

最佳体适能训练为学生提供了机会，让他们懂得运动为什么重要以及给现在和未来带来的益处。

为了帮助教师判断哪些活动属于低、中、高强度，NASPE定义了以下三个概念。适宜的发展性体育活动是指特定频度、强度、持续时间和类型的活动，有助于促进儿童的成长和发展，有助于其养成未来积极参与体育活动的生活方式，被定义为"与快步走同等强度的活动……可以进行较长一段时间而不会感到疲累"。笔者建议的中等强度体育活动包括快步走、骑自行车、家务活，低强度的游戏如跳房子，在体育活动中选择低活动量的场上位置，如守门员或外野手（译者注：棒球、板球等体育活动中的一种场上位置）。高强度体育活动被定义为比快步走强度更高或需要消耗更多能量的运动。有些高强度体育活动可以在较长一段时间内进行（如跑步），有些则可能因为强度太大（如短跑）需相对长时间的休息，更多中等和高强度的有氧适能和肌肉骨骼强化运动示例见表3-1。

表3-1 儿童和青少年适度的、高强度的有氧体育活动与强化肌肉、骨骼的活动示例

体育活动类型	年龄组	
	儿童	青少年
中等强度有氧	·娱乐活动，如徒步、滑板、轮滑 ·骑自行车 ·快步走	·娱乐活动，如划艇、徒步、滑板、轮滑 ·快步走 ·骑自行车（公路自行车或固定式自行车） ·做家务和整理庭院，如扫地或推割草机 ·做需要接扔球的运动，如棒球和垒球
高强度有氧	·做需要奔跑、追逐的游戏，如捉人游戏 ·骑自行车 ·跳绳 ·武术，如空手道 ·跑步 ·体育活动，如橄榄球、冰上或陆上曲棍球、篮球、游泳、网球 ·越野滑雪	·做需要奔跑、追逐的游戏，如腰旗橄榄球 ·骑自行车 ·跳绳 ·武术，如空手道 ·跑步 ·体育活动，如橄榄球、冰上或陆上曲棍球、篮球、游泳、网球 ·高强度的舞蹈 ·越野滑雪
强化肌肉	·游戏，如拔河 ·跪姿俯卧撑（跪在地上） ·用体重或阻力带进行抗阻训练 ·爬绳或爬树 ·仰卧起坐或卷腹 ·在游乐场器械上或在单杠上摆动	·游戏，如拔河 ·俯卧撑和引体向上 ·用阻力带、负重器械、哑铃进行抗阻训练 ·爬墙 ·仰卧起坐或卷腹

续表

体育活动类型	年龄组	
	儿童	青少年
强化骨骼	・游戏，如跳房子 ・单腿跳、跨栏、跳跃运动 ・跳绳 ・跑步 ・体育活动，如体操、篮球、排球、网球	・单腿跳、跨栏、跳跃运动 ・跳绳 ・跑步 ・体育活动，如体操、篮球、排球、网球

注：有些活动可能会根据用力程度调节运动强度，如骑自行车。

在设计可终身进行的活动时，虽可以使用 FITT 原则，但针对低年级学生或不常运动的成人，其要求应适当降低。对于低年级学生，教师不必严格要求学生必须每周训练 3 天，不必过于强调强度的底线，应取消最短运动时间的限制，强调每天都比前一天多活动一些。当然，成人模式的 FITT 原则仍然可以被提出，但重点应是每天体育活动的相对增多。为了避免学生失去活动兴趣或丧失坚持运动、保持健康的动力，教师需要做到：帮助学生探索多种娱乐活动和增加体育活动的方式；鼓励学生参加学校的运动项目、课前或课后的健身或运动项目；积极运动，成为学生的榜样；离开办公室，和学生一起爬楼梯，或者带着学生一起步行到活动区域，尽量走更远的距离；向学生解释这些体育活动成为生活方式的重要性以及这些活动与身体健康直接相关。例如，告诉学生有氧适能提高后，他们玩耍的时间更长但不会感到疲劳；增加了肌力后，他们做家务活（如倒垃圾）会更轻松；更强的力量会帮助他们在使用健身器材和设备时更得心应手。此外，教师还可以成为学生和社区之间的联系人，推荐不需要学校设施的社区休闲活动（如体育联赛、健身俱乐部、社区活动）。

如果学生、父母和体育教师达成共识，为了增强学生的健康或运动技能，需要共同制定更系统的、成人的运动处方，那么活动计划就必须依照个体的发育阶段，坚守基本训练原则和 FITT 原则，不必过于在意年龄。然而，低年级学生的教师应该注重与年龄相匹配的活动，让所有参与者有同等机会去玩耍、交朋友、提高社交能力，同时增进健康。初中生和高中生与成人较为类似，对训练和练习的应激反应更接近成人，这一阶段的教师可以以更规范的方式将体育活动计划转为类似成人的体育活动计划，帮助学生应用 FITT 原则。

3.3 体育活动的各个阶段

每次体育活动都应按照系统的步骤进行，包括热身运动、主要体育活动和放松运动。在体育活动开始前应正确地进行热身运动，使身体提前适应体育活动的要求；在体育活动结束后要进行放松运动，逐渐减少运动负荷，这样可以确保活动者的安全，同时能防止受伤、将身体恢复到正常状态。学生也必须正确实施主要体育活动，才能感受并理解定期参与体育活动的重要性。

3.3.1 热身运动

热身运动是在主要体育活动开始前的低强度活动，应符合主要体育活动的目标，其主要目的是帮助活动者的身体适应中等强度到高强度的体育活动。例如，要想参加高强度的体育活动，如篮球比赛的学生，相对于只是简单进行中等强度的体育活动，如快步走的学生，需要完成更彻底的热身运动。这类结构化的篮球热身运动将整合一般的热身运动以及专项热身运动，包括运动性拉伸和逐渐加大强度的运动模式。

一般热身运动，如散步、慢跑、游泳或骑自行车这样的活动，用于帮助心肺和肌肉骨骼系统适应后续的专项运动和主要体育活动。专项热身运动包括静态拉伸和动态拉伸，如弓步前进和高抬膝。如果活动是以肌肉运动为重点的主要体育活动，专项热身运动则更有效。这种结构化的常规热身运动有以下四点益处。

（1）增加活动肌肉的血流量。

（2）增加回心血量。

（3）提高身体温度，可降低肌肉损伤和酸痛的风险。

（4）通过提早出汗，调节体温。

然而在许多情况下，体育课中缺乏有组织的常规热身运动。在40分钟的小学体育课中，利用10~15分钟进行热身运动似乎不是合理的教学时间安排。此外，在这样的背景下，将大部分课堂时间用于强度较低的运动，如静态拉伸，是不明智的。因此，在全年的教学计划中，除了专门的体适能课程，在其他单元仍然可以使用"最佳体适能训练"的内容作为热身运动的参考。例如，如果投掷运动是主要的体育活动，那么就可以应用如《体适能教学与训练指导：小学阶段（第3版）》中提到的一般热身运动，以与年龄相匹配的方式，通过逐渐增加心率和肌肉组织的血流量，帮助身体适应主要体育活动。进一步的专项热身运动应整合各种动态运动，可以活动肩关节，以活跃主动肌，如开合跳，让手臂在不同的运动平面上挥动，或是不同形式的引体向上或俯卧撑，为手臂的投掷运动做准备。

虽然拉伸和走路、慢跑5分钟是安全的常规活动，但是教师必须让热身运动多样化，以避免无趣和疏忽。对低年级学生而言（为了避免纪律问题），当他们到达活动场地时，教师应立即指导其进行热身运动，这包括以下活动：沿直线来回跳转多少次、连续跳绳多少下、短时间的循环练习或运球练习。对于高年级学生而言，以上这些活动同样适用。此外，这些活动还可以为他们在热身时提供社交机会，同时教师可以把热身活动图贴在衣柜门上或活动地点的墙上，让学生能认真地独立完成热身活动。

3.3.2 主要体育活动

主要体育活动是指课程或体育活动的核心内容，旨在提高或维持一项或多项健康体适能组成部分的水平，活动的频度、强度、时间和类型取决于课程目标、课程时间和学生当前的体适能水平。无论是幼儿园的学龄前儿童还是高三学生，教师都应该说明课程目标以及日常运动如何帮助其实现课程目标或个人目标。

学生和成人一样，会在不同的体育活动中表现出偏好。因此，教师应给学生提供多种活动项目让他们自由选择，但是教师必须确保学生了解自己需要提高的健康体适能的组成部分。简言之，应强调整体体适能以及健康体适能各成分在活动中的重要性，例如，在提高有氧适能时，应选择游泳而非越野滑雪运动。但同时也需要提高柔韧性、肌力和肌耐力（在活动中没有被训练到的肌肉群），有时还要关注身体成分。

3.3.3 放松运动

正确的放松运动包括锻炼后的低强度体育活动，帮助身体放松并恢复到正常的休息状态。学生必须明白,在运动后身体需要逐渐放松,以避免肌肉僵硬和酸痛,避免头晕眼花甚至昏倒。教师一定要告诉学生,在体育活动后,不要着急坐下或躺下,应通过走路或慢跑3~5分钟逐渐降低活动强度,直到心率恢复到静息水平。持续的低强度体育活动可以促使血管挤压血液流回心脏。突然停止运动会导致四肢血液郁积、减少流回心脏和供应大脑的血流量,使人容易昏倒。放松运动还包括拉伸运动,因为此时肌肉最"温暖"、最柔软,可以最大限度地提高柔韧性。拉伸运动和活动示范见本书的第7章和《体适能教学与训练指导》。放松运动还为教师提供了在结束训练课时,复习重点概念、促使学生对个人目标进行自我评估的机会。

3.4 社会支持和安全指南

除了以适宜发展的方式应用基本训练原则、FITT原则和体育活动的不同项目,教师还应谨慎地给学生提供社会支持和关于安全的教学。如果缺乏这些关键内容,体育教育计划就不太可能对体育活动和其他与健康相关的行为产生积极影响。

3.4.1 提供社会支持

坚守基本训练原则不仅是指训练的生理层面和简单地提高体育活动量,社会心理因素同样重要。通常情况下,学生不会为了增进身体健康而参加体育活动,反而在他们意识到自己的体适能水平较高时,他们才更有可能进行积极的运动。因此,当参与新的体育活动时,学生必须感受到成功,活动的初始强度过高或难度过大都会降低学生的积极性。

体育教师作为社会支持的主要资源,其角色至关重要。"最佳体适能训练"强调体育活动和教育的终身发展,把关注健康作为终身事业而非孤立的训练。有相关文献证明,学校的体育教育和活动有助于终身体育活动和健康体适能、基本运动技能、社会责任感、自尊心的发展,在正确的方式下,也对认知发展和学业成就大有裨益。但是,这些积极影响并不是定期进行体育活动的直接结果,而是通过学生、教师、父母和指导他们教练的共同作用产生的。简言之，贝利认为，如果教学环境是积极的，学生参与体育活动的趣味性、多样性都处于高水平，加上远见卓识的专业人士和见多识广的父母给予积极的支持，就更有可能实现上述重要成果。

随着儿童年龄的增长，其自我认知的能力会提高。雅各和阿克斯等人指出，当学生意识到其他同龄人的能力水平时，便开始和别人进行比较。同时，随着儿童逐渐长大，因为竞争难度水平的提高，在运动和活动中，他们成功的机会会变少。因此，学生会变得挑剔，只参加少量自己认为可以取得成功的活动。"最佳体适能训练"提供了大量积极鼓励的机会，以保证每个学生有成功的机会，并促进其自信的提高和能力的感知。

3.4.2 创建安全的环境

在学生参与体育活动的过程中会有很多潜在危险，因此，教师必须小心谨慎地创建安全的教学环境，把受伤的风险降到最低。教师需要定期检查、维修所有设施和器械，在可能引起重大伤害的高风险区域（如游泳池、举重室、攀岩墙、运动场设施），定期检修是至关重要的。在所有体育教学计划中，前期指导、有效的教学方法和监督都应有所涵盖。体育教师应制定应急救援措施，并定期练习。所有体育教育专业人员都应该持有急救证书和心肺复苏职业资格证书。

体育教师还应教导学生对自己的安全负责，无论想要达到什么水平的健康体适能，都必须以身体为重，如果感觉到强烈的或持续一天以上的过度劳累或身体酸痛，应放松休息。

受伤的原因一般如下：活动量过大、频度过快、身体虚弱、柔韧性不足、生物力学原因和不合适的鞋子。教师应引导学生遵循正确的活动进程：开始时强度低，随后逐渐增大强度、增加持续时间。这些概念很难有效传达，尤其是对于只在意比赛胜负的低年级学生。初学者总是无视过度训练的早期征兆，意识不到自己已经处于过度训练状态，直到出现受伤或过度疲劳。在柔韧性和肌力、肌耐力的训练中，学生必须明白只关注一部分肌群而忽视其他肌群则更容易受伤。例如，在做抗阻训练时，只做仰卧推举和肩上推举这样的动作，会导致肌肉失衡，增加受伤风险。因此，教师应鼓励学生在体育活动和健康体适能训练中注重整体。

记住，这里所探讨的是与健康相关的体育活动，而不是奥运训练。无论什么年龄的学生，都应以他们的个人目标为基础，在既定的体育活动阶段合理选择运动强度。牢记运动是一段旅程，而非终点。所有教师都希望学生养成健康的终身活动习惯。此外，学生必须了解基本训练原则和 FITT 原则，只有这样，他们才能最终达到预期的体适能水平并提高运动能力，了解如何在运动中保证自身的安全，最终目标是在养成积极参与健康体适能活动的过程中学会自我评估和自我调节，并不断进步。

第4章　教学方式和教学策略

　　教学对于教师而言就如同烹饪之于厨师。尽管可供厨师参考的食谱众多，但所有名厨都知晓要烹制美味的食物，仍然需要独特的食材和厨师的匠心独运，教学也是如此。教学是多种教学形式的组合，而教师需要针对这些组合做出明智的决策，达到最佳的教学成果。

　　卓越教学的秘诀在于教师了解每位学生所具备的独特能力和资质。教师必须能够结合学生的特点、教学形式或策略、教学环境以及教师本人的个性特征，达到最佳的教育效果，使每位学生学有所得。正如厨师不会依赖某种有名的食谱去满足食客各种各样的口味，教师教授学生也不会仅采用某种单一的教学方法。因此，优秀的教师如同出色的厨师，善于应用各种各样的教学方法来最大限度地提高学生的学习效果，并确保所有预期的目标能够得以实现。

　　教学形式只是教学的一个方面。在实施任何教学形式前，教师必须考虑其他因素，如教学内容、使用某些特定教学形式的实体环境的容纳量、实施教学所需的时间、课时分配时间、教师的个人风格以及最为重要的学生本人。全国范围内的学校人口统计数据正在发生变化，教学形式务必进行修改，以应对学生群体更加多样化所带来的挑战。

　　鉴于以上因素，本章围绕教学形式和策略进行介绍，教师应考虑特定的教学形式是否符合课程目标、课程内容和学生发展水平以及如何改进教学实践让教学形式适合课堂。每种形式都有其独特效果，没有任何一种教学形式被证明可以帮助所有学生增进学习效果。

恰当地使用各类教学形式，确保学生的需求得以满足。体育教学的主要目标是让所有学生在运动氛围中获得成功。

4.1 教学环境准备

教育成功的定义是学生学业有成。课程的有效性会受到一些因素的影响，如学生是否在课程结束时学到了该课程所涵盖的知识？学生是否达成了课程所设定的目标？教学的最终目标是学生的学习。体育教学环境对于营造学习氛围起着重要作用，尽管某些环境因素（如运动场地的大小等）无法改变，但是教师可以创造一个有吸引力、鼓舞人心并且安全的学习场所。

创造充满吸引力的学习环境。设计新颖有趣的公告板和其他教学展示墙，并整合学生的练习和运动图片。利用视觉辅助工具作为课堂焦点，如使用人体心脏模型、骨架模型以及一个用来展现肌肉拉伸的超大橡皮筋，或使用有吸引力的海报以展示本周正在研究的骨骼或肌肉。对于低年级的学生，教师可以准备一个硬纸板骨架，可在研究身体的解剖学结构时，把它们拼接在一起。

演示有助于增强学生的学习效果，尤其当学生在课堂上可以近距离看到或亲自演示教具时，学生、家长和其他志愿者可以帮助进行这种演示。艺术教师也可考虑将这种演示整合为一个特殊项目，运用于他们的课堂上。

结合音乐，音乐是增强学习氛围的好方法。音乐可以用于欢迎学生，提示站点变化，并且可以提供邀请参与的背景。将音乐与良好的节奏相结合，也有助于开发肢体动作和空间意识的动觉感知。音乐有利于帮助学生整合多种感觉技能，以完成各种体育活动，允许学生自带合适的音乐（在上课使用前会进行筛选）。

提供一个安全的环境。安全的环境是学习的基础，如果学生感到害怕就无法学习或享受体育活动。安全的教学环境包括不能有碎片，不能发生危险和其他不安全的状况。确保重新粉刷过运动区、更衣室和教室并保持这些场所的洁净、安全。此外，要教导学生具体的安全注意事项，经常提醒学生相关安全问题，并进行应急演练。

4.1.1 确保学生积极参与

学生能够从成功的学习环境中受益。无论课堂环境多么乐观向上、富有魅力，发挥重要作用的始终是学生。教师可采纳以下建议，确保学生一直参与课堂。

（1）每学期或每学年伊始，利用几天时间让学生参与团队建设或合作运动，以提高其参与运动的积极性。设计一些运动，提供机会让学生与同学合作，实现具体成果和学习领导技能。

（2）在这样的学习环境中，相关任务和活动能够使学生在运动环境中学习并与外部世界建立联系。让学生自己选择想要学习的内容，这会增强学生的参与性。通常可以通过多种方式实现规定课程的目标，让学生参与这些决策过程。

（3）加强学习、明确意义，在教导学生形成积极的生活方式时，让他们在社区中找到校外可以参与运动的方式或渠道。

（4）提供健身房或操场，以便学生在课外时间运用运动教学所学知识进行实践。教师在课堂上通常要传授大量信息，因而削减了实际练习时间，所以需要提供额外练习时间（上学前、放学后或者午休）使学生达到更加熟练的程度，并受益终身。

（5）每堂课上，运用积极的、建设性的语言或非语言交流手段与尽可能多的学生进行互动，学生们能够敏锐地察觉到肢体语言和语气。如果对学生表现真正的关注，他们可能会更加努力地学习，从而就会更积极地参与课程。如果学生不了解任务，请不要以威胁的方式再次重复基本步骤。例如，教师可以说："××，试着再练习一遍那个技巧，这一次注意手肘不要弯曲。"而不是说："××，你为什么就是记不住手肘要伸直？"

（6）将自身融入课堂之中。不要只教学生应该做什么，而是要把自己也融入课堂。适当的时候，加入课堂活动，和每一组学生互动几分钟，向他们展示如何完成动作。根据参与运动学生的年龄、经验和能力，为他们量身设计或修改运动。如果在俯卧撑课堂练习中，个别学生的上身力量不足以进行全身俯卧撑，可以让他们练习简易俯卧撑或墙壁俯卧撑。另外，为可以进一步提升能力的学生提供加强型运动。那些能够轻松完成全身俯卧撑的学生可尝试肱三头肌俯卧撑（双臂间距与身体同宽，而不是与肩同宽）、指尖俯卧撑

（仅使用手指而非整个手掌撑地）或拍手俯卧撑。

（7）在开展新活动时，有些学生因为种种原因不愿参与，他们可能认为自己不够熟练，害怕失败或尴尬，也许是学习新技能的经历不太顺利。在学生参与运动之前，让他们有机会去观看。如果教师宽慰学生并相信他们能够成功，就可以帮助他们克服忧虑。

4.1.2 器材

拥有足够的器材有助于最大限度地增加学生运动锻炼的机会。值得一提的是，没有人会在排队等候时还保持活跃，增强健康体适能。

（1）在上课之前布置好器材，测试视听设备和计算机程序。

（2）每月至少检查一次，确保器材处于正常工作状态。

（3）确保跑步机和固定自行车等运动器材能够安全使用，无成年人监督时则禁止使用。

（4）设计运输和分配器材的程序。分配队长、特定学生或学生助理，以便运动结束时返还器材。

以下想法有可能帮助缓解或解决器材短缺的问题。

（1）联系相关单位捐赠优质二手器材（当然会有税收减免）。当地的健身俱乐部可能愿意将一部分淘汰的器材捐赠给学校，以加强健身房建设。

（2）搜索销售和分类广告，以便能低价购买优质二手跑步机、椭圆机、划船机、举重床、哑铃、稳定球或固定自行车。

（3）家长可能愿意捐赠二手器材。

（4）考虑让学校或具备资格的单位做一些器材，如标志点健身垫。这种器材很容易制作，成本仅为新制垫子的1/3。垫子由厚的防滑橡胶构成，呈正方形，尺寸通常是60平方厘米或90平方厘米，上面有5个永久性的标志点。

（5）与其他学校（在财务和设备上）联合，共享资源。几个学校可以合作购买器材并设计一个轮换制度以供学生使用。

（6）在学校允许的情况下，主办筹资项目以帮助购买器材。

（7）获取购买器材资金的另一种方式是申请补助金，可以申请州政府和联邦政府补助金。在美国国家运动与体育教育协会网站，可查询申请补助金的授权申请书和授予金额事项。

4.2　教　学　形　式

教学形式在很大程度上会影响学生的兴趣和乐趣，因而学生对体育活动的态度也会受此影响，故此使用不同教学形式是非常必要的。正如厨师使用各种配料烹饪一样，优秀的教师会使用一系列教学形式和策略来提高学生的学习效果。根据所选择的教学形式或策略，可将被动学习转化为主动学习。

教学形式和策略是指学生和教师之间的互动类型，它是从基础教学、直接指导到学生主动学习的连续教学体系，在这一体系中教师担任协调者，学生的学习责任更大。

4.2.1　连续教学

莫斯顿和阿什沃思（Mosston and Ashworth）定义了从直接指导（教师发起）到间接指导（自学）的11种教学形式，这些教学形式可以促进健康体适能教育。连续教学的教学形式是帮助学生获得知识的绝佳途径。在体育教学初期阶段，使用直接指导形式能够使学生从中受益。随着学生不断获得并熟练掌握知识、技能和经验，以学生为中心的教学方法支持独立学习，允许学生对自己的体育活动选择负有更多责任。

教学形式包括命令式（直接）、练习式、互助式、自测式、包容式、引导发现式、集中思维式、发散思维式、学生设计式、学生创造式和自教式。虽然教学形式形成了由教师中心到学生中心的层级结构，但并没有以线性方式实施。当新增教学内容且学生缺乏独立运动所需要的理解力时，同时进行命令式（直接）和练习式教学形式将没有效果。例如，一种特定协议规定了美国青少年体质健康测评系统中卷腹（仰卧起坐）的标准动作，此时教师应使用直接讲解的教学形式为学生提供正确的信息。另外，还可允许学生在了解特定流程的基础上，主动使用更加自主的学习方式改进或增强特定流程，这一方式是恰当的。

随着学生的责任感逐渐增强，他们可能会为了今后的健康做出更好的选择。

4.2.1.1 命令式（直接）

教师是决策者，同时，学生按照教师的要求做事。这种教学形式适用于教授新技能和管理高度结构化的课程。当任务步骤十分重要且不得偏离任务序列时，如教导如何进行心肺复苏时，直接教学也同样适用。直接教学形式也适用于在学生执行任务之前讲授一些必不可少的信息。直接教学同样适用于其他课程内容的教学，如计算静息心率并在图上记录数据以确定哪种运动能增加心率。

4.2.1.2 练习式

教师决定教学和演示的内容，也可使用任务表介绍技能，决定学生练习的时长，观察学生并给予他们反馈；学生决定练习的次数和练习技能的顺序（如果一堂课中技能训练的类型不止一种）。这种方式常用于体育教育，不过尽管该方式有价值，但也不能过度使用，它适用于教授新技能和练习技能。与命令式教学相比，练习式教学为学生提供了根据自身需要选择训练量的更大自由。例如，高中生可能被要求将心率达到目标心率区，但学生可以从4种不同运动中进行自由选择。再如，让学生在各站点展示任务卡上呈现的不同技能和不同强度的任务训练（如可选择常规、简易或墙壁俯卧撑）。

4.2.1.3 互助式

互助式可为学生提供让其变得更独立的机会，任务设计旨在使学生协同合作（通常两两成对或三人成组），并为他们提供关于彼此表现的反馈。每组学生都会拿到一个任务表，其中包含他们所要扮演的角色和具体说明，学生既是观察者又是展示者。这种方式主要适用于学生练习技能。社会互动是交互教学的一个重要方面，互助式教学也是实现美国国家运动与体育教育协会所提出的国家体育教育标准的一个良好途径：在体育活动中表现出尊重他人和自己负责任的个人和社会行为。教师的任务不是纠正学生的表现，而是监督学生互动，并鼓励观察者向展示者提供积极的、高质量的反馈。这种教学形式让学生更积极地自主学习，由此也可以更好地理解学习内容。例如，使学生做好准备进行体质健康测评，他们可以两人一组或多人一组进行个别测验，而且小组成员还可彼此提供信息和动力。

4.2.1.4 自测式

如同互助式一样，学生参与自我表现评估。教师决定要完成的任务，标准表是评估学生表现的工具。每个学生都要完成所要求的任务,并填表提供反馈意见。这种教学形式适用于熟练技能和培养自主能力,也适用于进行自我监督的任务,对完成体育活动的指定作业十分奏效。例如,要求学生记录课余时间进行的有氧适能活动时间,学生可选择适当的运动并监督自己的进度。

4.2.1.5 包容式

包容式教学提供给学生可以选择的教师设计好的任务,有助于教师设计个性化课程。学生选择要完成任务的特定难度级别,学生承担学习责任,为自己的健康负责,并选择何时进行难度更高的任务。例如,在执行跳绳任务时,学生可以选择跳绳方式(单脚跳或双脚跳)或跳绳速度(正常或快速)。同样地,在进行肌力和肌耐力训练时,学生可以选择使用不同重量的哑铃(给定某些参数)或不同拉伸强度的弹力带。对于低年级学生,教师可以设置3个高度不同的圆锥体,让他们选择进行滑雪式跳跃练习,锻炼肌耐力。教师应明确对学生的期望,以便学生了解他们有希望增加的锻炼难度。

4.2.1.6 引导发现式

在这种教学形式下,教师不仅应竭力提高学生的运动能力,同时还要帮助他们提升批判性思维能力。教师决定任务并设计出一系列问题以引导学生给出正确答案。教师仅起引导作用,并不给出答案,学生成功与否取决于教师按照逻辑顺序安排任务的能力。这种教学形式有助于学生积极参与学习过程。例如,让学生撰写一份报告回答以下问题。

(1)你能确定从学校或家里出发用时20分钟的慢跑或轮滑路线吗?就这一问题,学生需要尝试几条路线才能最终确认符合条件的路线。

(2)你应该穿什么?你的穿着会因时间和天气的变化而变化吗?

(3)哪些安全问题是你必须考虑的?这些问题会因时间或天气的变化而变化吗?

再如,让学生在规定时间内进行跳绳、慢跑、轮滑3项运动,并使用心率监测器记录心率监测结果。当完成所有运动后,让学生确定哪一项运动能帮助他们达到并保持其最佳目标心率以及他们最喜爱哪项运动,他们很可能会发现自己最喜欢的运动效果也最佳。

让低年级学生回答以下问题:在指定的运动中,哪一项运动使你的心跳最快?可允许学生先尝试3~4项活动再回答问题,如跳绳、绕着体育馆跳、原地慢跑或在两个圆锥体之间往返爬行。

4.2.1.7 集中思维式

学生需要回答有唯一答案的问题,他们要尝试发现,最终确定答案,教师在这一过程中是促进者。学生要不断地尝试和犯错,在教师的鼓励下培养独立性和批判性思维。

例如,高中生可以撰写一份关于开始参加有益的有氧适能活动所需物品的报告,或者回答以下问题:"增重或减重(身体脂肪)对你的心率有什么影响?"学生可通过完成几项任务进行试验,在每次试验的运动中增加或减少一些重量以找到答案;也可在每次试验的运动中使用手持哑铃、踝部沙袋、书籍或药球来增加或减小阻力,以找到答案。

4.2.1.8 发散思维式

提出一个开放式问题,让学生解答,这种教学形式适用准备独立运动的学生。例如,向学生提出这样一个情景问题:"你的脚踝已经受伤,但你绑着石膏绷带也想要保持良好的有氧适能水平。"这就要求学生必须制订一个应对这一挑战的有氧适能计划,低年级学生可能会制订一个日常训练计划,包括3项适度的体育活动。

4.2.2 加德纳(Gardner)多元智能理论

实施各种教学形式仅是提供积极学习体验的一部分,重点在于学生学习的方式。学生的学习方式多种多样,认可和欣赏学生的学习方式是另一个确保学生学有所成的策略。人们在学习如何进行体育活动时一般使用三种基本感觉:听觉(听)、视觉(看)和动觉(做)。如果教师准备的课程包含改进个人学习方式的策略,那么学生就会提高学习效率。加德纳多元智能理论认为,每个人会通过各种方式达到最佳学习效果,因此学生需要抓住机会加强弱项,并通过强项脱颖而出。

多元智能理论可应用于开发课程,如提出健康体适能概念,并使用概念构图法了解如何将不同智能与教学相结合。将多元智能理论应用于教学,将会使更多学生参与进来,并促进其学习,下面的例子是关于教师如何运用8类智能教授有氧适能的概念。

(1)身体运动智能(从实践中学习;体能学习)——做动作、做运动,了解有氧适能。

(2)空间智能(图片)——使用图片任务卡进行运动。

(3)人际智能(社会;合作)——成对或以小组形式进行体育活动,动力更强。

(4) 音乐智能（音乐或节奏；有节奏的运动）——随着音乐节奏跳绳。

(5) 逻辑数学智能（数字专家）——计算 1 分钟内心跳的次数。

(6) 内省智能（自我学习；自我反省）——进行两种形式的有氧运动，测量心率并比较两种运动的优点。

(7) 自然探索智能（环境主义者）——设计你住所附近的步行或慢跑路线。

(8) 语言智能（语言能力）——解释为何运动时心跳很快。

《体适能教学与训练指导》一书结合了健康体适能概念，在挑战性和趣味性体育活动的教学中采用多种教学形式和策略。例如，"小学生训练指南"中的"疯狂球"是一种将数理、空间和运动智能相结合的活动。"身体成分残留物"是一种二级活动，结合了语言、合作、运动智能和引导发现式教学形式。"站点运动"为整合实践教学形式、语言智能和健康体适能概念提供了有效途径。学生从一个站点到另一个站点进行规定的活动，同时任务卡上被贴上相关概念，学生务必阅读并在小组内完成任务。课程结束时，他们可以在各自的日志上写下或讨论提出的概念。

"中学生训练指南"中的"健康探索"活动很好地说明了这一概念。它强调有氧适能的重要性，正如学生需要进行各种不同的运动。再如，小学生做基础"肌肉运动"，强调肌力和肌耐力的重要性。

结合各种教学形式和智能可以强化学生对某种概念或运动的理解，从而提高学习效果，有一句谚语："不闻不若闻之，闻之不若见之，见之不若知之，知之不若行之，学至于行而止矣。"❶

4.2.2.1 身体运动智能

身体运动智能是一种身体运动的天赋、能力，能够影响人的健康体适能。身体运动智能强大的人善用身体解决问题或进行创作，他们喜欢体验动作或感觉身体在某些情况下做出反应的方式。

为利用这一智能，低年级的学生乐于模仿动作（如肌肉收缩伸展动作），喜欢上实践科学课（如将彩色的水滴在质量好的纸巾上显示毛细血管的运动），喜爱强化概念理解的

---

❶ 注：出自《荀子·儒效》，意思是"（在学习中）听说比不听好，见到比听说好，知晓比见到好，实践比知晓好，学习的最终就是实践，实践了，就明白了。"

手工艺品（如在一张节日许愿卡上，写下使心脏更健康的饮食许诺）、戏剧（如表演肺换气）和其他创造性动作。

基于运动的课程模式是加强和整合身体运动智能的最佳途径。这种课程模式的主题以身体和身体与空间、时间、精力及流程的相互关系为主。将健康相关概念与运动基础课程的主题相结合，如让学生与搭档做俯卧撑，或是让学生以不同的步伐（慢、中、快）或不同的速度（低、中、高）移动，以确定在哪种方式下心跳更快。

这种方法也适用于身体运动和空间关系。初高中生的任务可以是制作一个教小学生提高体适能水平的视频。利用身体运动智能的方法是让学生制订并实施个人健身计划，学生可以使用手持哑铃、踝部沙袋、平衡板或健身踏板锻炼，使肌肉更发达。身体运动智能体现了接受过体育教育人群的实际运动能力。

4.2.2.2 空间智能

空间智能是人对物体在空间中位置的感知，也是一种强烈的空间方位感和准确的实物视觉辨别能力。尽可能地融合教师和学生的演示活动，学生可以表现出特定的技能，也可分析彼此的动作技巧，小组活动中的"结"就是使用空间智能的一个例子。

学生们围成一个圆圈，并将双手放在中央，随后所有人向中间靠拢，大家的手相互交织缠绕在一起，形成一个混乱的"结"。学生必须尝试解开结但不能放手，这一过程可能需要学生跨过、钻过和绕过其他学生。所有学生必须协同合作，并确定如何解决这个空间问题。

从更具认知性的层面而言，学生可以创建图表、曲线坐标图、示意图和三维模型。在绘制心率表、记录重量训练成绩以及参加体育活动上，这种做法非常有效果，还可以让学生蒙上眼睛，从不同的角度感受活动。

4.2.2.3 人际智能

人际智能是指有效地理解别人及与人交往的能力，人际智能突出的人群的兴趣通常在于小组头脑风暴、合作活动、同伴辅导、模拟和社区活动。学生可以以小组为单位设计一个有氧适能循环训练，以班级或小组形式用头脑风暴方式解决问题，或模拟教授现实生活中的人际交往技能。例如，提问"你如何在这个社区花费100美元参加体育活动？"要回答这个问题，学生需要先收集关于设施设备等费用的数据（作为家庭作业），然后小组合作，互相帮助做出令人满意的明智抉择，培训学生作为社区的同伴辅导员或志愿者参加健康体适能服务项目（如在日托中心举办游戏）。

4.2.2.4 音乐智能

音乐智能是解释、转换和表达音乐形式的能力，使用说唱、歌唱、节拍和音乐概念是引导学生的理想方式，学生倾向于以这些方式进行学习。

音乐和运动高度融合，让学生有机会去体验音乐并探究音乐与健康体适能的关系。音乐也可以用来促进体育活动，设定运动速度。学生可以通过说唱、歌唱形式加强展示环节。

4.2.2.5 逻辑数学智能

逻辑数学智能是一种有效运用数字和推理的强大能力。在这方面表现优异的人似乎喜欢将大多数问题与数字问题或难题联系起来，他们也喜欢从事解决问题的任务和批判性思维活动。在体育活动场景中，学生可以多种方式使用逻辑数学智能，帮助自己理解某些健康相关概念。

初高中生可以挑战健康体适能问题，如计算目标心率区、特定食物中的热量百分比、爬楼梯消耗的能量或步行与跑步1000米所消耗的能量。小学生可以设计跳绳的运动顺序和模式，包括在增强肌力和肌耐力、有氧适能时，计算技能重复次数。这种智能也可以与空间智能相结合。教师可以问学生从A点到B点的距离有多远，如果他们步行、跑步、双脚跳或单脚跳分别需要多少步，然后让他们通过参与运动找到答案。

4.2.2.6 内省智能

内省智能突出的人群往往更具内在动力、自我反省、独立自主的能力，他们仅需极少的动机就能完成任务。由于他们拥有自我反省的能力，似乎更容易实现目标。这样的学生喜欢独立自主地学习，参与自定速度的运动，自我设定目标。

健康体适能教育项目会引导学生更加独立，如自我测试和反思日志的写作可帮助学生将自己与信息之间建立起联系。具有多任务或多水平的运动站点鼓励开发内省智能，如参加跳绳站点的学生可以选择双脚前跳、后跳或十字交叉三种跳绳形式。另外，还可以让学生自己计算时间，看看他们可以在15秒、30秒或45秒内完成多少次俯卧撑。低年级学生只需培养阅读技能，教师在各运动站点用图片帮助学生进行合适的运动，高年级学生可以研究和尝试自己认为有趣的各类体育活动。教师也可以提供自定速度的活动和学习中心，这样学生就有机会挑战自我。

4.2.2.7 自然探索智能

与自然环境相关的运动能够增强人的自然探索智能。擅长自然探索智能的人，更喜欢置身室外，通过与环境的类比进行学习。教师可以使用与大自然相关的主题、故事和诗歌将这种智能应用于教学，以促进发展健康体适能的运动体验。例如，学螃蟹和熊走路、学海豹爬行有助于幼儿在自然中学习运动，同时也能提升肌力和肌耐力。在初中或高中阶段，可以请科学教师开展一个关于动植物在高海拔地区如何生活的研究以及在高海拔地区运动对人类生理的影响（如高海拔地区的动植物要如何适应？人类在高海拔地区有什么剧烈反应？什么是高海拔长期适应？）。所有学生（无论年龄大小）可以考虑体育活动在自然环境中的价值，如远足、皮划艇运动和漂流。

冒险课程是加强自然探索智能的一个良好途径。教师可以以自然环境（户外活动营）为教学点，教授包括社会学、科学、数学和体育在内的综合内容并评估学生的整体成绩，学生有机会参加徒步旅行、皮划艇运动、定向运动和攀岩运动。

语言智能。语言智能是有效地运用文字的能力，语言智能强的学生可以被称为"语言天才"，他们对阅读、讲故事、辩论、写作和参加小组讨论的机会感兴趣。教师可将语言智能应用于教学活动，如坚持记录参与活动的情况；也可以结合语言智能和音乐智能，为学生提供机会，让他们随着自己创作的诗歌、说唱及常规计划进行体育活动；还可以让学生坚持写日志，描述日常活动中学到的内容以及具体应用；还可以使用FITT原则❶制订一个健身计划，调整运动方向以便进展适宜，使低年级学生也能参与类似运动。

4.2.3 合作学习

合作学习是指学生共同完成指定任务或达成某一目标，学生肩负起学习责任，它能够促进形成一个更积极的学习环境。合作学习形式的多功能性使其能够整合多种智能，同时

---

❶ 注：FITT是频度（Frequency）、强度（Incensity）、时间（Time）和类型（Type）这4个英文单词的缩写，它是从事体育锻炼、增加健康所必须采用的基本监控原则。要想在安全的锻炼过程中取得良好的锻炼结果，就必须在体育锻炼中科学控制锻炼的频度、运动的强度、持续运动的时间，并选择恰当的体育锻炼类型。

也具有合并三个学习领域的可能性。实体环境是合作学习的实体场所，因为学生必须以团队或小组形式进行诸多传统体育活动。也正是由于合作学习的主体是群体而非个体，合作学习有助于学生更多地参与体育活动。同伴之间可以相互鼓励，努力学习或引导帮助那些正在努力的人。

拼图是合作学习的一个例子，团队的每位成员都需要完成一项特定任务，接着每位成员带来自己的作品，并将其"拼图"碎片与其他成员的碎片组合在一起，最终形成一张完整的图片。下页的"拼图任务"提供了一个关于学生如何在体育教学环境中使用拼图策略的例子。学生有机会自我承担学习责任，将合作学习策略应用于认知、心理活动和情感三大学习领域。教师作为协调者，为学生提供指导性反馈。

合作学习的另一个优势是彼此激励，提高能力。学生可以自由地与朋友一起学习，解决问题，并与各种性格的人进行互动。

4.3 增强课堂环境中的健康体适能

尽管教授健康体适能课程并不一定局限于课堂教学，但课堂环境却可以成为讨论生理学、心理学、运动原理和目标设定技巧等内容的合适场合。开展认知理解课程能够确保学生接受全面的体适能教育。

4.3.1 规划

（1）创建课堂教学以补充现有课程。教授课程，该课程通过参与体育活动强化参与过程中习得的概念。学生应积极参与培养自主学习责任感的活动，本章前文所述的教学形式可用于课堂教学。

（2）根据健康体适能概念进行课程组织。

（3）将学生在课堂上所学与运动环境相联系。

以下内容示例可用于课堂教学。

健康心脏的说明

低年级的学生可以制作几个心脏模型,并附上强调保持心脏健康方法的特别说明。给每组(3~5人)发一些由薄层粘制成的心脏薄片,每部分薄片是学生拼接完整心脏所需的一部分。完成模型后,学生可以讨论哪些需要特别说明。

【案例】

拼图任务

单元:健康体适能成分

拼图说明

1. 将学生按照4人一组进行分组,给每位小组成员分发一个成分,或允许他们自行分配。

2. 给小组成员布置3~5个增强特定健康体适能成分的活动任务。如果时间允许,让学生自己设计或安排活动。

3. 所有成员重新进行分组,设计3~4个热身环节,其中包括4个成分。

4. 确保有适当的材料可用。

5. 另一种方法是将此任务第一部分布置为家庭作业,另安排一课时的时间进行小组任务部分。

6. 接下来几周,可以让该小组引导全班进行热身环节。

拼图活动示例:移动,移动,移动

进行该活动时会播放好听的4拍节奏音乐,踏板操运动的音乐会很奏效。

1. 每4个或更少的学生分为一组。

2. 每组将会分配有必须练习的特定运动,让学生跟随音乐节拍进行短时间的动作练习,具体如下。

- 第一组:原地跳8次。
- 第二组:左右脚单脚各跳4次。
- 第三组:双脚开合跳4次(双脚开合跳一次,计为2次跳跃)。

3. 再次将学生重新分组,新组成的小组成员分别来自原来各自不同的小组,并代表不同的运动。

4. 让各小组成员结合各自动作形成一套新的运动顺序。

5. 让学生练习这一新运动顺序。

6. 各小组为全班表演其运动顺序。

运动发展需要符合年龄水平。低年级的学生可使用图片和文字描述其运动，高年级学生只需文字解说，也可以让他们自己设计一套4/8拍动作。

拼图活动示例：有氧运动顺序

当学生进行几天有氧运动或踏板操运动之后，要求学生将其设计的运动顺序教给全班同学。

将3~5名学生分为一组，每位小组成员将针对一个健康体适能的特定成分设计一组运动顺序，接着聚集在一起将一组运动顺序与音乐相结合。

一名学生设计热身环节，2~3名学生设计有氧运动环节，另一名学生设计放松环节。

4.3.2　解析心率数据

初高中生可以计算其静息心率和目标心率区，绘制心率曲线图，记录运动结果以及计算平均值。

4.3.3　健身计划

高年级学生可以担任报纸杂志的健身专家顾问，写几封咨询健身专家意见的虚拟信件，学生写完信后，让他们公开展示或在课堂上大声朗读并进行讨论。例如，①我是一名（棒球）投手，我希望我的手臂更强壮以便我能更有力地投掷。我需要做些什么才能实现这个目标？②明年我想成为校队队员，但我不是很强壮，我可以做些什么练习或运动来提高整体力量，让我跑得更快？

4.3.4　治疗伤病

预防受伤是一种方法，但学生需要理解即便他们很小心也可能受伤。在这里，推荐的伤病治疗课题包括以下内容：冷热相关问题（热应激、热衰竭、体温过高和体温过低）、补液（脱水）、晒伤和皮肤保护以及在减少伤病和改善整体健康和体适能水平中膳食营养的作用。

4.3.5　成为理智的健身消费者

现如今，流行广告购物、有线电视购物和互联网购物，做一名理智的健身消费者至关重要。学生需要懂得如何货比三家，以便在购买器材、用品和服务时使自己的利益最大化。学习如何辨别产品的性价比是一项重要技能，以下是针对适合学生年龄和能力的消费教育活动的建议。

（1）要求学生将维生素补充剂说明与研究进行比较，并根据他们的发现向同学提出建议（同学在课堂上讨论、决定是否同意）。

（2）直接引导学生观看一则宣传节食或者一种具有惊人效果的运动器材的广告，要求学生以口头或书面形式描述广告说明是否真实以及原因。

（3）讨论使广告宣传有效的可能因素（如夸耀、快速锁定信息、有力的宣传等）。让各小组学生撰写杂志广告，或将电视上宣传健康体适能活动好处的广告表演出来（如运动之前、过程中和之后喝大量水，做活动而不是看电视等）。

（4）参观当地的运动器材商店，要求学生就他们感兴趣的器材准备一些可提出的问题，请销售人员帮助学生对比类似产品的功能。参观之后布置家庭作业，要求每位学生选择其中的一种产品，并以书面形式说明这件产品为什么是满足自己需求的最佳选择。

4.3.6　记录体育活动数据

教室是教学生如何制定适当目标和记录体育活动日志的理想场所，教学重点可以是准确记录数据。如果学生可以进入计算机室，他们可以使用体质健康测评系统和活动日志来记录自己的运动成绩。教师可以向学生展示如何使用程序（如微软 Excel 办公软件）来记录体育活动日志或设计体适能活动日程表。日程表还可以包括目标和一些特殊活动以强调超负荷原则，学生可以使用电子表格和计算机日志记录跑步和其他有氧运动。教师要帮助学生了解他们记录的结果与体育活动和健康体适能评分变化之间的联系。学生可以记录成绩并在它的基础上制定新的目标。

4.3.7　设定目标

课堂环境提供了解释目标和设定目标机制的机会，班级活动范例包括以下几部分内容。

（1）为一名虚拟的人设定合适的目标（如一个青少年如何增强上半身的力量，以便能够爬上攀岩墙？一个人希望改善身体成分，有什么方法帮他实现这一目标？）。

(2) 学生与朋友合作，互相帮助，设定切合实际的目标并制定训练活动，以实现目标。指导他们考虑互相激励措施（如"如果我们都按照计划练，我们将购买这些新衣服"，或者"我们可以一起走着去商场，这样可以边运动边说话"）。

(3) 以头脑风暴的形式列举人们可能不能坚持自己体育活动计划的原因，直至达成目标，选择一个问题并列举解决方法。

给低年级学生一份包括具体活动的列表，让他们估算自己在规定时间（15秒、30秒等）内每项活动能够做多少次，让他们完成活动并记录实际完成次数。若他们完成了最初的目标，就将最后的数字圈起来；若没能完成最初的目标，就在最后的数字上打上"×"。讨论目标期望值，可以使用年度记录表帮助学生看到自己的进步，这也是设计个人运动计划的准备步骤。

4.3.8 制订个人计划

小学生可以开始选择如何实现健康体适能各成分的个人目标。材料分为各个小部分，以便学生能够理解和应用所学内容。提供多少信息取决于学生的发展水平，《体适能教学与训练指导》提供了开发适用于健康体适能具体成分的运动示例。

随着学生的进步，个人健康体适能计划也要随之调整。达成目标后如何选择和重新设定目标是其重要部分，学生可以着手了解制订一个计划的过程，以适应他们当前的需求。

4.4 增加体育活动时间

不同的学校、不同的年级，体育教育工作者和学生在一起的时间是不同的。无论教师多久见一次学生，都可以利用一些策略延长除体育馆场所以外的活动时间。这样做的目的是让学生养成自己锻炼身体的习惯；让学生保持对活动的兴趣是很重要的，这样学生就不会觉得这些额外的活动是一件苦差事。采用以下建议以符合学生年龄阶段和学校设施，这些想法应该作为体育教育的延伸而非重新定位。换言之，其目的在于加强体育课的教学内容。管理人员务必了解这一点，不要将课外体育活动作为减少体育课时的理由。

（1）体适能间歇——体育活动可以在短时间内持续一天，这是一个越来越受欢迎且有益的选择。教师要支持增加体育活动时间，受过训练和具有资格证书的体育教育工作者必须训练学生进行这样的间歇运动。根据学生在课堂表现中的得分提供相关信息，如运动会增加流到大脑的血液，有助于人们更好地思考。教师可能需要在课堂上对几项活动进行5分钟的概述。教师可以放轻快的音乐让学生以跳舞的方式休息5~10分钟，学生跟着音乐不断运动。将音乐换成缓慢的节奏让学生保持安静，还可以让学生通过冥想活动加以放松。另外，如果天气允许的话，将学生带到操场，让他们在指定的范围内运动至少10分钟。许多网络资源都有提供这种无须专用设备的简单的间歇运动。

（2）课间活动——确保学生进行体育活动的所需器材充足，学生的投入是有益的。体育教学过程中的运动经常用于课间活动。

（3）午休时间——多数学校午休的自由活动时间只比课间休息的时间稍长一点，所以可以延长午休时间。体育教师既可以作为个人健身顾问，也可以训练学生志愿者进行有趣的体育活动。

（4）校内——这些体育活动项目在同一所学校的学生团队或个别学生之间进行。改变一个项目，增加活动课程并确保其有趣，使之在有参加意愿的学生中广受欢迎。考虑让学生记录运动用时或计算消耗的热量，作为持续关注运动和体适能的一种方式。考虑让学生交流时使用鼓舞人心的语言并作为加分项，保持对社会发展和乐趣的重视。

（5）学校课前、课中和课外项目——创建新课程或强化现有课程，训练家长、高级志愿者或幼儿工作人员等其他人以协助开展这些项目，创建一个健身俱乐部并提供参与奖。

（6）家庭活动——让全家人参与任务，如"家庭健康运动时间"，向学生介绍一个具体的健康运动主题，让他们回家后与家人讨论（或向家人解释）相关信息。尝试让他们每周有两三次专门留出几分钟时间，每次提供新信息或提供一个主题与各种子主题。让学生设计可以边看电视边活动身体的方法，如在广告时段，家人可以参与运动挑战，每位家庭成员在插播一个广告的间歇做5个仰卧起坐动作或者做10次单脚跳。另外一个方法是在广告期间做各种拉伸动作以提升身体柔韧性。广告时间通常持续15~30秒，故此间隔时间适合做拉伸运动。在广告时间，家人也可以利用手边的哑铃进行各类上身运动（侧举、前举、肱二头肌弯举）。

（7）社区活动——家庭之夜、健康游园会、跳绳或篮球赛，这些活动覆盖了更多社区，兄弟姐妹、父母和老年人均可参加。这些活动不仅可以帮助学生更加健康，而且能为课程起到宣传作用。

4.5 技 术

播客[1]、短信、（便携式）苹果播放器和数字 DVD 这些先进技术相继出现，但是技术对健康体适能计划起什么作用？在课堂上使用技术是一种通过提高学生学习动机、士气和信心以促进健康体适能教学的策略。现如今学生在技术知识方面远胜过许多老师（从短信到视频制作），因此，将技术与健康体适能学习相结合是有益的。海耶斯和希尔伯曼（Hayes and Silbermann）认为，电子游戏的受欢迎程度与高效信息传递的特点可能有助于增进学生在体育活动中的积极性、理解力和表现水平。

4.5.1 硬件

DVD、计算机和视频设备可以显著增强健康体适能概念的教学效果。关于健康体适能主题（如心肺系统功能、训练原则、虚假广告等许多其他领域）的 DVD 可以用于帮助学生进行理解。学生可以使用计算机下载、分析、制作图表和存储心率监测数据。学生可以使用互联网研究健康体适能的主题，或通过电子邮件鼓励其他学校的"健身伙伴"。学生可以分为小组，完成健康体适能报告，然后录制新闻广播与同龄人或低年级学生分享，有些学校为此配备了内部使用的电视和广播电台。

使用掌上计算机可以更方便地记录数据，减少笔的使用。教师可以进行健身测试，便于将结果记录在手持设备上，并可以稍后下载到学校或部门计算机上进行学生个体分析或生成报告。液晶投影机可用于将目标、日常运动和活动结束后的提问放大至海报尺寸，这

---

[1] 这是一种让用户自由地在互联网上发布文件，并允许用户采用订阅内容的方式来自动下载文件的技术和理念，是一种全新的广播形式。

有助于明确要说明的重点和目标。

4.5.2 软件

电子游戏已经出现很久，被认为是致使年轻人久坐不动的一个重要因素。游戏公司已经推出了交互式电子游戏作为回应，旨在让玩家提高身体素质。这些游戏不仅支持运动，许多还建立了基于技能表现的评估和评分系统以及心率监测器。几个运动产品公司目前正在促销舞蹈或敏捷性运动程序，这些程序可以让学生以观看视频和模仿电子地毯上经过特别设计的动作的方式改善健康体适能，"劲舞革命"❶（Dance Dance Revolution）就是这种产品。Wii Fit❷是于2007年推出的一款游戏软件，包含多种游戏活动，旨在帮助人们提高健康体适能。

4.5.3 设备

心率监测器可以为教师和学生提供有价值的信息，学生在有氧运动期间学习如何监测心率。运动心率区、恢复心率和静息心率在高强度体育活动期间都能提供所需信息。简单的单功能和双功能监测器可以向学生提供反馈，复杂的多功能监测器可将个人心率信息编程并下载到计算机上。

计步器是学生用来监测课内外体育活动水平的另一种技术形式，计步器有简单的单功能机和多功能机。

许多产品可用于评估身体成分，有些设备和手持设备的工作原理一样，允许用户下载结果，其他设备要求用户将信息手动记录在纸上并将其发送到计算机上。

过去的几年中，可编程的运动器材（如跑步机、椭圆机、爬楼梯机、体重计）已经发展到能够记录心率和目标心率区。

---

❶ 1998年KONAMI公司旗下的BEMANI音乐游戏小组所开发的全球第一台跳舞机"Dance Dance Revolution"（简称"DDR"），舞台以←、↓、↑、→排列的十字形式亮相，玩家可以按照音乐的节奏来踩踏从上到下而来的箭头，其中有着3D人物在画面中伴舞，目前家用版已扩展到多个游戏主机平台。

❷ 这款名为Wii Fit的体感动作游戏于2007年推出，该游戏使用一种四方形、类似鱼鳞状的控制器，或者控制板，玩家需要站在板上依照屏幕上的操作提示保持平衡，可以在板上练习瑜伽或跳动感舞蹈操。Wii Fit总共包含40种以上的各类健身游戏，包含种类相当丰富，适合各年龄层的人群使用。

4.5.4 网络

通过使用网络资源，如视频剪辑、网络广播、地图定位和许多其他新应用，可以提高教学质量。教师可以设计探索网络任务，要求学生从各种教育网站中查找信息。

4.5.5 使用技术提高包容性

技术能够帮助所有学生更加积极地参加体育锻炼并了解健康体适能。残疾学生和正常学生都有学习的权利，使用技术还提供了帮助各类残疾学生的新方式，提高了包容性。

4.5.6 采购技术

在决定购买新技术之前，请考虑以下三点。

（1）不要冲动地立刻出门购买，相反，应尝试从同事那里借用该技术或进行一些研究，以确定这项技术是否适合学生，考虑向销售代表提出借用设备。

（2）考虑这项技术或软件是否能帮助学生实现课程成果？不要总是相信公司的宣传册和展示册，而应该上网搜索该设备的评论，试着了解该设备是否会在几年内淘汰以及设备的可持续使用年限和成本。

（3）技术可以辅助教学，但不能代替教学，技术产品很容易成为昂贵的玩具，教师应确保每项技术产品对于学生和课程都有教育意义。

"体育教育工作者正在促进受益终身的体育活动事业"，如果"交互式电子游戏成为体育教育中的有效工具"，那就充分利用它们。

创建有效的学习环境能够促进健康体适能教育计划，教师可以通过采纳本章所述的原则，鼓励学生追求受益终身的健康体适能运动。

创建一个积极有趣的学习环境，采用合适的教学形式，并应用加德纳多元智能理论设计个性化的课程以满足学生需求，确保每个环节有序、有趣、安全，并具有包容性，以便选择适合学生发展的各类学习体验。

将间歇健康体适能训练与学生的日常生活相结合，以此增加体育活动时间，使小学生的课间休息富有成效。教授学生在课外时段能够做的运动，布置运动类的家庭作业和任务以巩固体育课所教授的内容，让家庭成员参与家庭作业。参与课后任务的家庭越多，学生将定期体育活动融入生活的可能性越高。

尽管《体适能教学与训练指导》强调了结合健康体适能知识与实际体育活动的原则，但是在课堂环境中深度讲授这一原则并非总是有效。结合技术与健康体适能教育，让学生在课堂上运动，有兴趣和积极参与的学生将会学到更多。

第5章 有氧适能

有氧适能只是健康体适能的一个组成部分，但它被广泛认为是体现身体状况良好的重要生理指标。有许多专有名词被用来描述健康体适能的这个组成部分，如心肺适能、有氧耐力、有氧能力、有氧爆发力、心肺耐力、心血管适能以及心血管耐力，本章节统一使用相对简单的术语：有氧适能。

要理解有氧适能（进行有氧活动的能力）的概念，就必须了解有氧活动和体育活动的区别。体育活动可以定义成任何导致能量消耗的躯体运动；有氧的含义是"使用氧气"，因此，有氧活动就是利用氧气为运动产生能量的过程。正是这些运动构成了有氧适能，也就是进行大肌肉群的、动态的、由中等强度到高强度长时间运动的能力。有氧活动包括长跑、游泳和越野滑雪，这些活动和俯卧撑、短跑冲刺这类无氧活动是截然不同的。所有有氧活动都是体育活动，但并非所有的体育活动（如俯卧撑）都是有氧活动。

要想从有氧活动中获益，就必须在合理强度范围内开展活动。目前，有两种方式来评估有氧强度——绝对方式和相对方式。绝对方式指的是每小时走4.8~6.4千米或是12分钟英里跑（7.5分/千米）这样的运动；相对方式是指通过最大心率百分比、心率储备或有氧能力储备来代表强度。在第一种情况下，每个人都在一种特定的强度下运动，如快步走；而在第二种情况下，运动强度需要根据个人的体适能水平来调整（如使用个性化的训练心率区）。有关学者研究了在两种方式下，健康收益和有氧活动之间的关系。他们的目标是将和强度相关科学依据转化为简单易懂的指南，同时也总结出那些明确标明了中、高强度运动时间的运动指南，更容易被接受和遵守，从而提高健康水平。

在《美国人体育活动指南2008》中，有一部分强调了儿童和青少年的内容将有氧活动描述为"年轻人有规律地活动其大肌肉群的运动"，跑步、跳跃、跳绳、游泳、跳舞和骑车都是有氧活动。要着重强调的是，不要刻意延长儿童的正常运动时间，儿童喜欢有短暂休息时间的间歇运动。按照儿童易于运动的方式，儿童和青少年有氧活动指南扩大了对有氧活动的定义，因为"从严格意义上来说，短暂的爆发性活动不是有氧活动"见《美国人体育适能活动指南2008》。通过认定这些"简单的运动"，有氧活动的定义会与体育活动有些类似。儿童普遍会将有氧活动和肌肉以及骨骼运动相结合，想象一下这个画面：一个小孩绕着操场跑，荡过单杠，跳落到地面然后继续跑。在本章中，有氧适能被视为是长时间锻炼（或游戏）而不会感觉累的能力。

在本章节的剩余部分中，我们会通过以下两种方式对有氧适能进行讨论，即适合儿童和青少年（6~17岁）的体育活动以及使用相关概念（如心率和氧气消耗）来确定哪些是合适的有氧活动。

5.1　有氧适能的重要性

青少年时期缺乏体育活动会在成年后引发一系列健康问题，由于慢性病引发自静多动少的生活方式，成年人的疾病发病率和死亡率有所增加。研究表明，青少年超重和成年人超重风险增大这两者之间存在关联。另外，詹兹等人（Janz）的研究也表明，青春期保持体质健康，会在以后的生活中获得良好的健康益处。报告明确指出，要在儿童时期加强体育活动。研究数据表明，热量摄入量的增加并不是青少年肥胖率增加的唯一原因，缺乏体育活动可能是导致肥胖的另一个因素。许多机构都支持在儿童时期增加体育活动并持续至成年，从而减少因缺乏锻炼而导致的健康问题。这正是"最佳体适能训练"通过给学生提供知识、技巧、价值以及他们在未来参加体育活动的自信心而想要达到的目的。

5.2　有氧适能的定义

一个人的有氧适能水平取决于心脏和肺将富氧血液循环到运动组织的能力，肌肉细胞的提取和使用氧气产生能量的能力以及循环系统将血液回流到心脏的能力。人每分钟使用氧气的量称为耗氧量。对成年人来说，有氧适能的评价指标是最大摄氧量（VO_2max），这个量是人体在体育活动时所消耗的最大氧气量。在实验室测试中，耗氧量是在人体进行高负荷运动的情况下测量的。在某一强度下，即使增加运动负荷，由于耗氧量已经达到峰值，也不会再随强度的增加而增加，即达到最大限度。正常情况下，健康的成年人的最大摄氧量一般随着有氧适能水平的提高而增加，因此是有氧适能较好的测量方式。下一节将就儿童以及最大耗氧量进行详细的讨论。尽管最大摄氧量的实验室测试对于公众来说并不实际，但幸运的是，可以采用许多有效的和可靠的现场测试，并且可用最大有氧适能测试的结果来推测最大摄氧量。

5.3　有氧适能教学指南

有氧适能的概念可教授给所有年龄段的学生，但是其实践必须考虑个体发展差异。儿童不是小版的成人，因此，成人持续运动的方法、FITT 原则的使用以及测试结果的解释对儿童来说是不同的。一个学生在有氧适能测试中获得的成绩和他的有氧运动量并没有太大关联，年龄因素、遗传因素以及发育程度都在有氧能力（有氧适能）中发挥作用。因此，教师不能片面地认为渐进式有氧心肺耐力跑或英里跑得分较高的学生运动更积极，而那些分数较低的学生运动则不积极。例如，有着优良遗传基因的儿童可能不用积极运动就能获得较高的分数。类似地，遗传了良好记忆能力的人可能不需要做大量的拼写单词练习，而记忆差的人尽管做了大量的练习，但是在拼写考试中表现还是不理想。重要的区别在于，只有切实进行了体育活动才能从中获得益处；只要持续地进行有规律的中等强度到高强度的体育活动（无论测试成绩好坏）都能从中受益。因此，测试成绩不是很重要，尤其是对处于基础教育阶段的学生而言，需要加强让学生参与体育活动的积极性。

即使采用了成人训练指南，也很难知道通过最大摄氧量测量有氧适能的增加有多少是训练的结果，或者只是简单地因为体形和发育程度变化而增加的。当综合考虑体形变化和最大摄氧量测试时，发现儿童的有氧适能增加幅度约为成人的 1/3（在相等条件下）。在教授儿童有氧适能课程时，教师应该记住基因、发育、身体成分以及心理（如动机）和运动水平等因素会影响有氧适能的评估结果。"最佳体适能计划"的目的在于通过非竞争性、有自我强化作用而且有趣的锻炼项目，鼓励学生积极参与体育活动，养成习惯并保持终身。尽管儿童增加的体育活动和有氧适能之间并没有明显关系，但"最佳体适能训练计划"仍致力于促使儿童把积极运动的习惯维持到成年，并提高他们通过有氧运动（遵循 FITT 原则）获得的健康收益。家长、教师和教练应该鼓励学生参与多种多样的、有趣的且有能力参加的活动。研究表明，诸如，花样滑冰、体操等，运动员在青春期便可以达到顶尖水平的运动项目来说，更适宜尽早开始专业化训练。这项研究成果较少，因此在下结论之前需要谨慎考虑。

当准备教授学生体育活动和体适能时，教师要记住儿童体育活动水平和节奏具有高强度运动和恢复期交替循环的特征，为儿童设计有大量休息时间的活动可以给孩子提供一个多样化并且适合儿童的运动模式。循环训练是一个很好的训练模式，在这种模式下，儿童可以独立探索运动，提升基础运动技能以及健康体适能水平。循环或固定运动都可以给学生带来成功体验。固定运动可能会设置不同的挑战等级，这需要学生自己去探索并且选择适合自己的活动获得成功，这种类型的活动去除了竞争元素和胜负标准。大多数"最佳体适能训练"中的活动都是固定或设计好的，这样做的目的是让大多数儿童都能在同一时间运动。体适能概念应该通过体育活动和课堂教学来教授，这样可以减少非运动时间，尤其是在一周只有一次或两次体育课的情况下。教师每天应该只讲解一个概念而不是讲解多个，教师可以在学生放松的过程中教授"静脉血回流"的概念，或者用慢跑的过程来模拟血液循环系统，学生可以在这个过程中模拟血液流过心脏、动脉或静脉的运动。教师可通过学习跨学科课程和布置家庭作业等其他途径来教授体适能的理论知识。

5.4 确定需要的体育活动量

有氧适能课程应该包含教师帮助学生探索实际操作部分的内容，如记录空闲时间进行了多少有氧活动或日常活动，学会测量脉搏以及为家人和朋友组织一次校园运动之夜。学校也可以购买新版本的体质健康测评软件并教会学生如何使用计算机工具及如何进行体适能评估，该软件可以生成与父母或监护人共享的健康报告，并记录学生的进步。要确保那些刚开始接触有氧活动的学生循序渐进地进行活动，推荐的方法是逐步增加1种变量（频度、强度、时间和类型），而不是一次就增加4种。对于不太适合有氧活动的人来说，最好是先增加时间变量（持续时间）而不是强度。儿童不太可能会对运动产生沮丧情绪，如果这个活动或项目不会引起极度疲劳或肌肉酸痛，他们很可能会坚持下去。对于6~12岁的儿童，不推荐长时间的持续性高强度运动，除非是他们自己选择并且父母同意。

为了降低受伤和出现医学并发症的风险，教师要和校医合作确定哪些有生理疾病的学生需要特别注意，如骨科病、哮喘、癫痫、糖尿病或其他病痛。对学生进行合理的分类，有助于教师开发一个全面满足学生需求的项目，包括那些参与有氧适能活动时需要多加注意的学生。

5.5 有氧适能的训练原则与强度检测

在提升有氧适能时应当遵守第3章列出的训练原则（循序渐进、超负荷、专门性、个性化和周期），这些原则对年龄较大的儿童来说特别有帮助，但是威尔克和布莱尔指出，"即使儿童能适应体能训练，也并不意味着我们应该鼓励和要求他们这样做"。

处于青春期后期的少年会比处于青春期前期和青春期中期的儿童更加积极地参与训练和运动。正如前文所述，儿童的训练目标应该是培养并维持一种积极运动的生活方式，而不是一味地强调成人的运动处方模型。对在有氧训练期间会影响儿童有氧适能和表现的生理变化进行解释，已经超出了本书的范围。

虽然终身体育活动模型可以给有氧适能训练提供指南，这些有氧适能训练足以维持健康的身体，但是教师还是会遇到想要达到更高体适能水平的学生。重要的是提供准确的、有帮助的信息，来协助有兴趣的学生安全地实现他们的有氧适能目标，但是5个训练原则只适用于年龄稍大以及处于青春期后期的青少年。表5-1提供了关于将FITT原则应用到儿童（5~12岁）和青少年（11岁及以上）以及参与运动的初高中生的建议。需要注意的是表5-1在年龄上有重合，可以根据个体的生理年龄而非时间年龄对指南进行适当修改。

表5-1 适用于有氧适能的FITT指南

FITT原则	年龄段		
	儿童（5~12岁）	青少年（11岁及以上）	参与运动的初高中生
频度	·在一周全部或大部分时间进行体育活动 ·连续多次进行持续15分钟或15分钟以上的运动	·每天或几乎每天 ·每周3~4次	·每周5~6天
强度	·中高强度的间歇运动 ·中等强度，包括低强度游戏（跳房子、手球）、低运动强度的位置（守门员、外野手） ·高强度的游戏包括跑步、追逐和游乐活动（儿童体育活动金字塔的第2级）	·中等强度到高强度活动，这个级别不需要维持目标心率 ·自感用力度等级：7~10（Borg），1~3（OMMI）	·60%~90%的最大心率（MHR）或50%~85%的最大心率储备（HRR） ·自感用力度等级：12~16（Borg），5~7（OMNI）
时间	·累计至少60分钟，逐渐增加到数小时 ·总运动量的50%是每次持续15分钟或15分钟以上的活动量	·每天30~60分钟活动时间 ·每次活动20分钟或以上	·20~60分钟
类型	·多种活动 ·应从儿童体育活动金字塔前3级中选择活动 ·大多数儿童不适宜长时间练习	·玩耍、游戏、体育、工作、体能训练 ·要在家庭、学校和社区进行的活动 ·快步走、慢跑、爬楼梯、打篮球、球拍类运动、足球、舞蹈、游泳、滑冰、除草和骑车	·锻炼大肌肉群或有节奏的活动（如快步走、慢跑、爬楼梯、打篮球、球拍类运动、足球、舞蹈、游泳、滑冰和骑车）

本节中的一个重要问题是学生应确定的运动强度。教师可以采用多种方法来教授和监

测有氧活动的强度,如可以让低年级学生把一只手放在他们的胸口上,然后每感觉到一次心跳就用另一只手握拳一次。当运动强度增大,他们就能感觉到心跳在加速。可以教授高年级学生数自己的脉搏,而高中生应学会如何在目标心率区间持续进行锻炼。通过这种方式,学生可以有意识地将心率和活动强度联系起来,高年级学生也明白了摄氧量作为反映有氧能力的指标,是和心率相关的。

监测强度的另外两种方法是对话测试和自感用力度等级量表(RPE)。对话测试规定:如果运动中能说话但不能唱歌就说明强度是合适的;如果说话喘气就说明强度过高;如果能唱歌就说明强度过低。RPE是一种评估个人运动难易程度的方法。表5-2描述了儿童(8~15岁)和成人(18岁及以上)的自感用力度等级的OMNI评定量表,该表将图片、文字与数字结合起来,综合描述运动强度。在相关文件中提供了此图表可复制的文档,特别是对小学生和初中生有帮助,因为他们在测评自感用力度等级时,看图比看数字和文字更为直观准确。需要注意的是,描述儿童活动强度的词语和成人是不同的。OMNI自感用力度等级量表可以用来确定全身、四肢以及胸部的自感用力度等级,因此有助于有氧和抗阻运动的教学。

表5-2 OMNI(全方位)自感用力度等级量表语言线索

成人	儿童
极简单=0	完全不累=0
简单=2	有一点累=2
有点简单=4	更累一点=4
有点难=6	累=6
难=8	真累=8
极难=10	很累=10

5.5.1 测脉搏

要想把心率作为有氧活动强度的评估指标,学生首先要学会如何准确测量自己的脉搏,两个常用的测量心率的部位是颈动脉(颈部)和桡动脉(手腕、拇指侧)。首先,要教会学生如何定位,将右手的食指和中指轻轻放在颈部右侧、喉结的右上方。儿童的喉结并不突出,尤其是女孩。有一种替代方法,儿童正视前方,然后将两根手指放在耳垂后面底部的骨头上(乳突处),然后轻按并将手指缓慢向前滑动直到感觉到心跳,手指会沿着下颌的角度自然地滑向喉结的右边（3年级以下的儿童可以将手放在胸部的左边来感觉心跳）。要保证每个学生都能感觉到自己的心跳。要注意，学生不要用力按压颈部，以免降低心率；不要同时按压两侧动脉以免减少流向头部的血液而造成昏厥。高年级学生可通过手腕处的桡动脉测脉搏，办法是把食指和中指放在另一只手（掌心向上）手腕处的桡动脉上，位置要低于拇指根部，学生要移动手指直到确定脉搏的位置。不要用拇指测脉搏，因为拇指本身的脉搏可能会造成重复计算。学生第一次学习测脉搏时，先让他们活动几分钟，这样心跳就会更明显。

在测量静息心率时，通常测量1分钟的心跳次数；而短时间隔法通常用来测量运动心率。在开始测第一次心跳时同时启动秒表，那么第一次心跳应作0计算。如果在测之前秒表启动了，那么第一次心跳应作1计算。学生可以测6秒心跳数，然后乘以10（在测出来的数字后面加0），或者测10秒心跳数然后乘以6，或者测15秒心跳数乘以4。健身专家通常建议采用10秒计数法，因为这种方法比较准确。为了计算方便，学生可以参考表格（见表5-3）或者用目标心率区间除以6，就是10秒的心跳次数区间。例如，测得目标心率区间是每分钟153~165次，那么每10秒的心跳数是26~27次。

表5-3　10秒计时心率

每10秒心跳数（次）	心率（次/分）	每10秒心跳数（次）	心率（次/分）
10	60	22	132
11	66	23	138
12	72	24	144
13	78	25	150
14	84	26	156
15	90	27	162
16	96	28	168
17	102	29	174
18	108	30	180
19	114	31	186
20	120	32	192
21	126	33	198

5.5.2 目标心率区间

目标心率区间是一种心率范围，是想要达到的最佳有氧训练强度。该心率区间的最低值通常被称为训练阈值，有两个公式可以用来确定一个人的目标心率区间，分别是最大心率公式和卡沃宁（或是心率储备）公式。要使用这些公式，需要先计算出最大心率（MHR）。MHR 有两种计算方法，其中一种方法较新。经过研究发现，使用常规公式（220 – 年龄）来计算最大心率，并以之为基础判断儿童的训练强度可能存在问题。儿童的最大心率与年龄无关，他们的最大心率区间是每分钟 195～205 次，最大心率不会随着年龄而改变，直到青少年后期。

最近一项研究表明，一个新的公式可以测量最大心率：208 –（0.7 × 年龄）。新的研究对之前的公式有一个轻微的调整，因此，新的公式应该为：207 –（0.7 × 年龄）。虽然新公式的研发没有涉及儿童，但该公式的计算结果与儿童的最大心率在每分钟 195～205 次相符合。尽管旧公式比较容易使用，但是针对 20～40 岁成人计算的最大心率偏高，而超过 40 岁的计算结果偏低。虽然这个新公式对学龄儿童的直接影响不大（因为其 MHR 和年龄无关），但对即将毕业的学生来说已基本接近适用年龄，还会有所影响。

因此，对于高中生来说，"最大心率 = 207 –（0.7 × 年龄）"应该用来计算运动心率。而年龄稍小的儿童（6～14 岁）不应该使用运动心率阈值或区间（这一概念），他们应该遵照小学生指南或青少年指南来参与活动。

前文提到，长时间的高强度运动在年龄上和生长发育上都不适合 6～12 岁的儿童，除非儿童自己选择。高强度运动可能会使儿童对活动产生消极心理，因为这种水平的活动一般不会令人愉悦。在儿童阶段应着重强调运动的趣味性以及必要的运动技能，为未来参与更专业的运动打下基础。马琳娜（Malina）认为，成年后的运动能力是基于儿童时期学会的运动和娱乐技能。如果对儿童时期掌握的技能有自信，那么他就更有可能将这些活动持续到成年时期。另外，儿童对个人运动能力的自信会随年龄增长而下降，而那些低估自己运动能力的儿童可能以后就不会参加体育活动或者在体育方面的成就比较低。这一点对于教育工作者来说很重要，同时，特定心率区间或长时间的高强度训练只适用于高中生。

对于年龄超过 14 岁的学生来说，教师应该用最大心率公式或心率储备的方法来讲解目标心率区间。对于年幼的学生，教师可以通过给学生提供比较静息心率和运动心率的机会，教授基本的心血管和呼吸系统解剖知识以及增加的体育活动是如何帮助他们运动更久而不觉得疲劳，并教授强度概念和心率监测知识。对高中生（至少在青少年后期）可以适当讲解目标心率区间的知识。对小学生可以从监测他们的强度开始教学，在中等到高强度身体活动之前、中、后把手放在胸口上来测心率可以使用慢、中、快或乌龟和赛车这样的术语来解释一般的心跳速度。四年级到六年级的学生可以开始使用颈动脉和桡动脉来计算心率，但不应该使用目标心率的概念。大多数7年级及以上的学生需要知道如何计算目标心率，但是仍要避免使用目标心率作为参加体育活动的要求。

高中生可以开始使用目标心率来指导他们的监测活动强度，可参照表5-3和表5-4来选择合适的心率百分比来监测强度。选择强度后，可以通过最大心率百分比确定目标心率区间，这样相对简单。为了节省课堂时间，可以以家庭作业的方式让学生进行计算。此外，卡沃宁或心率储备法应该考虑个体静息心率，可参考"初高中生计算最大心率和目标心率区间计算法"部分。

表5-4 基于体适能水平的活动频度、强度和时间的渐增

	稍差适能	临界适能	高适能
频度	每周3天	每周3~5天	每周3~6天
心率储备（HRR）	40%~50%	50%~60%	60%~85%
最大心率（HRmax）	55%~65%	65%~75%	75%~90%
相对自感用力度（RPE）	12~13（Borg） 5（OMNI）	13~14（Borg） 5~6（OMNI）	14~16（Borg） 6~7（OMNI）
时间	10~30分钟	20~40分钟	30~60分钟

如果教师教的是年幼的学生（6~14岁），那么必须充分利用目标心率，学生需要达到最大心率的85%（最大心率=每分钟200次），大约相当于每分钟170次，这个心率是学生需要达到的目标。但这没有必要和提高体适能所需活动强度相联系（前文提到，在儿童期至青春期前期，无须刻意使用心率来反映强度）。罗兰德（Rowland）的《儿童运动生理学（2005）》进一步解释了引起儿童身体一系列变化的生理机制和所需的高强度运动。切记，特定的目标心率不适用于小学阶段的儿童。

5.5.3　使用心率监测仪

尽管心率监测仪不是必要的工具,但其却是一种使用范围广且效果良好的教授有氧适能的工具,心率监测仪可以提供准确的信息。有些学生可能在手动测量脉搏时会遇到困难,尤其是4年级以下的学生。如果在小学阶段使用心率监测仪,要保证使用它是为了提高趣味性或教授有氧适能的概念,而不是为了获得一个特定的目标心率。教师可能会问学生"谁能达到每分钟140次的心率?""每分钟150次呢?"等这类问题。在活动过程中,安排适当的休息时间,不断重复,以达到不同的心率水平。这种常规方法为小学生提供一些短时间的活动和短期内需要达成的目标,而心率更高时的活动是高强度活动。心率监测仪同样也是一种可以教授所有年龄段儿童与速度相关的知识的有用工具。学生可以通过跑步来试着估计自己的心率,然后和心率监测仪比对一下估计结果。学生还可以通过在指定时间内跑一定距离来学习速度知识。例如,在1分钟内慢跑200米的速度是每5分钟1 000米。学生可以在心率监测仪上设定时间,然后慢跑,最后观察其1分钟的跑步距离和心率。使用这种自测的办法,年龄较大的学生可以尝试不同的速度,然后再看哪种速度可以让自己保持在目标心率区间。在初中和高中阶段,用来测量目标心率或运动强度的心率监测仪可以帮助教师教授如何制订个性化的有氧适能计划。

5.5.4　使用计步器

使用计步器是一种有趣的激励方法,这种方法可以让学生变得更加积极。运动员以及研究人员都认可计步器在测量和促进体育活动方面的好处。计步器可以给体育活动提供一种低成本、易获取、客观的测量方法。这种方法对儿童来说是有极大帮助的,因为他们在确定自己需要多少中等强度和高强度运动的时候往往有些困难。关于计步器进一步的研究正在开展。尽管不是所有计步器的性能都一样好,但是研究者发现,电子计步器是可靠的且有效的体育活动指示器,较精确的是日本制造的计步器。尽管不同品牌的计步器会有所差别,在估算距离和热量消耗上也有误差,但其仍不失为一种准确反映步数的有效工具。

距离是根据步数和预先在计步器中设定的步长决定的。因此,如果步长随着走路或跑步速度而改变,计步器就会产生误差。另一个值得注意的问题是计步器容易漏记速度慢的步数,这个速度大概是每分钟54米,以较慢的速度步行可能无法产生足够的垂直运动来触发计步器计数。因此，鼓励学生快步走可以帮助学生获得精确的步数。步幅较小的年幼儿童和老年人仍会漏步，那些步态异常的人也一样。如果计步器对某种步态（或轮椅）无效，学生可以配对进行计步，以正常步态学生的步数作为两人共用的结果。

目前遇到的一个最大问题是要走多少步才足够？包括成年人和儿童在内的许多研究已经尝试将每日步数和健康益处以及推荐的体育活动水平联系起来。因为儿童本身就比成年人活跃，所以成年人 10 000 步的标准可能有点儿低。体适能和运动总统委员会要求 6 周内每周 5 天，女生每天至少记录 11 000 步，男生每天至少记录 13 000 步。这些数字来自用计步器对青少年活动模式的研究结果。图德尔洛克以及他的同事研究了每天步数和体重指数（BMI）之间的关系，他们发现，分别积累了 12 000 步和 15 000 步的 6~12 岁的男女生，体重易于保持在国际体重指数标准之下，不会出现超重或肥胖。我们仍需要更多的研究来探究一些问题，诸如，健康的儿童是否只是因为走得更多，或者更多的步数是否一定能带来健康的身体。需要注意的是，计步器不会记录骑车和游泳这类体育活动。

为了解决个体差异，潘格瑞兹、贝尔和西德曼（Pangrazi、Beighle、Sidman）建议通过基础步数和目标步数来实现。基础步数是通过连续 4 天（儿童）或 8 天（成人）穿戴计步器来计算出每天的平均步数，然后在基础步数上，每两周增加 10% 的步数，最终的目标是实现超过基础步数 4 000~6 000 步。例如，一个学生的基础步数是 6 000 步，需要每隔两周增加 600 步，直到他达到每天 10 000~12 000 步。

最近，人们发现计步器最大的一个缺点是难以评估运动强度，无论强度差异如何，走 1 000 步和跑 1 000 步都以同样的方式计算。新的计步器可以在计步的同时记录时间，可以让学生将他们走的步数按照时间分成几部分以获取他们的每分钟步数（SPM）。以 1 000 步为例，一个学生可以在 10 分钟内走完 1 000 步（1 000/10＝100 SPM）或者 20 分钟走完 1 000 步（1 000/20＝50 SPM），那么可以对其进行假设，一个人每分钟走的步数越多，活动强度就越大。由于高中生更需要了解如何通过计步器记录其体育活动，下文将先介绍关于成人步速的信息。对于成人来说，中等强度是大约每分钟至少 100 步。为了达到目前成人 150 分钟中等强度体育活动指南的目标，成人必须在 30 分钟内走完 3 000 步或者分为 3 个 10 分钟，每 10 分钟走完 1 000 步。格瑞森、潘格瑞兹和文森特（Graser、Pangrazi、Vincent）通过跑步机测试了数名 10~12 岁学生从中等强度到高强度的步速，测试结果显示，男女生每分钟 120~140 步是对应中等强度到高强度体育活动的步数。高体脂率这类特殊人群，可以在 120~140 SPM 的基础上提高他们的步速来获得更多益处。有 SPM 功能的计步器对教授学生关于强度、记录基础步数以及设定目标步数，是一个极好的设备。

计步器的推荐穿戴位置是在和腰线平齐的大腿正前方。但如果腹部脂肪或宽松的腰带让弹簧计步器向前倾斜了 10 度以上，计步的时候会不准确，那么选择另一个位置穿戴效果会更好。解决这个问题的办法是使用可以放置计步器的弹性腰带，同时也解决了因腰带边缘太厚而导致计步器滑落的问题。还可以把计步器移到体侧腰部的位置上，看看计步器在哪个位置能计算出最精确的结果。在某些情况下，虽然把计步器移到身体的两边或背部就可以解决计步器倾斜的问题，但是这样会导致学生看不到计步器上的数字。为了找到计步器的最佳位置和提高准确性，库迪西（Cuddihy）和他的团队建议把计步器放在右腿中部上方的腰带上，走 100 步再看看计步器上的数字。如果有 3 步及以上误差，将计步器往右移一点（略微地靠向髋部前方）然后重新测试。如果还是有 3 步及以上的误差，把计步器放在腰带的后面或放在弹性腰带上。这个测试假定计步器准确放置，误差应该在 3 步以内，有 3 种语音播报的计步器被放置正确的话，对视力有问题的学生来说是很有帮助的。

教师需要有高效的方法来发放、使用和回收计步器。计步器应统一存放在储存室，学生可以快速从储存室里挑选计步器让同伴帮忙戴上。让学生在他们自己的记录表上记录步数比教师记录要快得多。为了防止损坏，推荐使用安全腰带，并且要蹲下或坐下戴计步器（至少是开始之前），这样的话，即使计步器掉落也不会发生损坏。最近上市的计步器有多种记录功能，可以记录多个指标，如步数、距离、热量、持续分钟数以及总活动时间。选择计步器种类的时候要根据使用最频繁的那项指标的可靠性来选，大多数创造性、指导性和激励性的课程都可以使用计步器。

5.6　跨学科思想与有氧适能的训练方法

在教授有氧适能概念时，有很多使用跨学科方法的机会。通过和各科教师合作，在非体育课时也可以向学生讲授体育活动的相关概念，进行一些补充。例如，数学老师可以教学生计算目标心率（初高中水平），那么学生在上体育课时就能训练自己达到目标心率区间，可以让小学生记录他们在体育课、休息以及在家时活跃时间的累计分钟数。数学好的学生可以预测步行一段确定的距离需要的步数，然后用其和慢跑的步数比较一下预测的结果。

在语文课上，学生可以写一些他们参加过的体育活动；在体育课上，他们可以将笔下的文字转化为实际行动。科学教师可以给学生讲一滴血液是如何流过心脏、肺，然后流入运动中的肌肉；体育教师可以在操场上画一个心脏运动的图表，让学生按照图表的强度进行活动。音乐教师可以教授节奏方面的知识，体育教师可以让学生创造出自己的有节奏的有氧运动。另外，可以将地理和地图学习及定向运动进行整合，历史可以在游戏中重现。可能性是无止境的，如果学生参加实际的体育活动以及学习综合性的知识，回报也是无限大的（更多的跨学科思想，请参考小学、初中及高中阶段的活动指南）。

有三种保持和提高有氧适能的训练方法：持续训练、间歇训练和循环训练。教师必须根据年龄、能力以及每个学生的体适能水平来调整这些方法的应用，让每个学生选择自己的活动方式，可以帮助教师建立个性化的机制。例如，在间歇训练中给学生提供长一点的休息时间，或者让学生自己选择有氧适能循环训练的组合方式。要记住，学生可以自己监测心率，但是计算心率和目标心率区间只能适用于高年级学生，关于这一内容前文已有一定的说明。

5.6.1 持续训练

持续训练是在相对较长时间内进行相同的活动和运动，这种活动方式不适合儿童。持续活动定义为持续至少几分钟而不休息的运动。前文提到，高强度的持续活动对6~12岁的儿童来说是不合适的，但是一些中等强度的活动则是可行的。如果教师让处于基础阶段的学生进行了持续活动，那么就要安排足够的休息时间。3~5分钟中等强度的持续活动是基础阶段和体质稍差学生的上限，而10分钟是对稍高阶段（3~5年级）学生的一个较合适的上限。20分钟及以上的持续活动，根据具体目标和体适能水平，对初中生和高中生来说比较合适。

对于高中生来说，计算和监测运动心率越发重要。初中生可以计算心率，但是不用强求他们将心率维持在一个既定区间内。通常高强度的活动容易让人失去兴趣，因此教师需要控制其时间，高强度训练更适用于运动员。初高中生可以使用成人模型计算目标心率或者以他们觉得舒适的速度进行活动。

注意运用循序渐进和超负荷的原则，FITT 原则（频度、强度、时间和类型）可以根据个人情况加以强化，注意避免把这些参数提升过快，以免导致对运动失去兴趣。当一个人处于运动计划的开始阶段时，应先增加持续时间，在有规律地运动一个月及以上后，频度、强度、时间和类型这些变量可以逐渐调整增加。调整这些变量并让学生参与目标和运动计划的设计过程。灵活富有变化的游戏是长期坚持体育活动的有趣方式，教师可以给学生介绍一些在空余时间他们愿意参加的活动和游戏。对于初高中生来说，通过一定时间的综合有氧活动来将心率提高至目标心率并保持下去，可能是更有趣的办法，这有益于提高学生整体的体适能水平。

"法特莱克训练"（Fartlek training）是持续训练的改良版，该方法通过在不断变化的条件下持续活动来增加运动强度。"法特莱克"这个词语来自瑞典语"速度运动"（speed play），而且这种高强度的爆发性训练并未像间歇训练那样能进行系统控制。真正的"法特莱克训练"只是针对教练和专业运动员，不适用于学校体育教育。这种类型的训练（如爬山）可以提高技巧、力量、肌耐力、一般有氧耐力以及心理健康，这些益处不完全是体育教师在课堂上教学的目标。这种方法只能用于教授那些想在篮球这类专项运动中提高速度的运动员。尽管真正的"法特莱克训练"有其局限性，其改良版可以用于小学阶段的儿童，但应注意通过频繁改变运动强度与方向，全面刺激全身不同的肌肉。

5.6.2 间歇训练

与持续训练相比，间歇训练可以在相同甚至更低的疲劳感下，完成更多高强度活动。这种类型的训练往往是有一定休息时间间隔的短时高强度训练。年幼儿童的天性更适合此类活动，但是教师要确保学生在每一个短时高强度活动期间有充分的休息时间。这种类型的训练也为年龄较大的学生提供了尽快开启其锻炼周期的契机。初高中生知道怎样测量心率后，可以让他们测量自身运动前的心率，并以恢复到该心率作为间歇时间的标准。为保证该方式可行、有效（在循环训练中），教师需要控制每一个站点的人数。否则，当一个站点的学生心率下降，可以开始下一项活动时，可能下一个活动因上一个站点的学生心率并未恢复而无法顺利循环。

间歇训练也可以由低、高强度的活动交替组成，而非一定需要休息时间。严格来说，这属于"法特莱克训练"的一种形式，而不是真正的间歇训练，因为其本质上是连续进行的。一个最恰当的例子就是中、快节奏交替跳绳。真正的间歇训练是，学生在短时间内以一个相对高的强度跳绳，休息，然后再进行高强度跳绳。

活动开始时必须保证每一个站点（运动项目）的学生人数相等，且每一个站点均需预留供额外3~4名学生使用的装备和空间。大部分学生都想进入（下一个）站点，尤其是在下一个活动很有趣的情况下。年长的学生有能力参与结构化的间歇训练，但是这超出了体育课的范畴。技巧就是让这种类型的训练变得有趣，不要像田径教练那样让运动员进行冲刺跑，教师可以让学生一边相互传球，一边以最快速度跑到终点。若把休息时间设定为运动时间（通常为3~4分钟）的一半或相等，那么间歇训练可以用来提高有氧适能。

5.6.3 循环训练

循环训练包括几种不同的运动和活动形式，当学生从一个站点进入下一个站点时，可以变换强度或活动类型。儿童的天性使其更愿意参与这种间歇性活动。贝利等人认为，有短暂休息时间的间歇性活动对学生的正常成长和发育来说是非常必要的。教师可以通过改变每个站点的运动时间和站点间的休息时间调节活动强度（如在绕活动场地跑一周后做拉伸练习）。

5.7 通过有氧适能活动提高运动技能

我们不应该忽视运动技能提升的重要性，尤其是对处于小学阶段的学生而言更是如此。体适能教学与训练指导将多种促进运动技能的活动融入有氧训练，也使其更加有趣。

很多活动都可以通过调整或变化其活动形式以提升有氧适能或运动技能，这种方法给学生演示了如何将有氧适能知识运用到实际体育活动中。要尽可能将健康体适能和运动技能相结合，以下是6种可以将运动技能整合到有氧适能活动中的特殊方法。

(1) 在每一个站点的有氧循环训练中安排相关的专项运动技能练习。

(2) 障碍课程。

(3) 抢球游戏。

(4)《体适能教学与训练指导》中的活动——含有运动技能练习。

(5) 轮滑。

(6) 游泳接力。

5.8　有氧适能活动安全指南

研究表明，儿童对运动的应激反应不同于成人，在帮助儿童提高他们的有氧适能水平时，有很多问题需要考虑。作为一名教师，在应用训练原则时，要把下列成人和儿童不同的生理差异牢记于心。

(1) 儿童在休息和运动（相当于绝对负荷）时，会比成年人产生更多能量消耗。

(2) 儿童流汗比成人少，因此蒸发散热对儿童来说会有一定的难度。

(3) 青春期前的儿童和成人相比，其无法在高温环境下维持长时间运动。

(4) 在高温下运动时，儿童比成人更容易感到疲劳。

(5) 儿童在既定次最大强度的运动中会消耗更多的氧气，运动效率更低。

(6) 在休息和运动时，儿童的心率通常比成人高。

(7) 儿童的最大心率在 195~205 次/分，个体差异很大。

(8) 儿童的呼吸效率（呼吸的空气量）比成人更低。

(9) 和成人相比，儿童有较高的呼吸频率和较低的潮气量（正常静息呼吸下的吸入和呼出的空气量）。

(10) 在次最大和最大运动强度下，消耗每升氧气时，儿童的肺通气量更多。

(11) 儿童在运动时，换气的速度比成人快。

由于这些生理特点，儿童需要增加休息频率，尤其是对年幼的学生来说，要在运动前、运动中以及运动后饮用充足的水。为避免受伤,应让学生多做符合自身水平的运动并且要限制高强度运动。不要让小学生在过热和过湿的环境下运动,并且要根据教师的判断及时取消或减少初高中生的运动。尽管有氧适能活动对大多数学生来说相对安全,但是教师仍需要特别关注一些学生,要清楚哪个学生有哮喘病、心脏病、糖尿病或者有没有做过矫形手术等。并不是所有这些情况的症状都很明显,所以教师需要查询学校记录、找校医和其他教师谈话、询问学生家长,并且要认真阅读学校的规章制度以确保自己充分了解学生情况。对于如何安全地适应超负荷和循序渐进的原则以及如何遵循FITT指南,要对那些对此有疑问的同学进行辅导,让其能够处理这些问题,或寻求其他人的建议。如果有疑问,要获得家长的书面许可并找学生的医疗保健医生谈话。

要让每个年龄阶段的人能够进行且享受有氧适能活动。儿童可以在间歇的、有趣的活动中茁壮成长。初中生可以开始进一步提升有氧耐力,但还是不能参照目标心率区间的标准。高中生可以学习如何将强度、心率、摄氧量和自感用力度等级结合起来。教师可以教授不同类型的活动,并让学生在他们各自的水平上获得有氧运动的乐趣。实现快乐运动的有效途径是通过一些循环运动,其中包含了一些站点,可以很好地达到这个效果。有氧适能可以与技能提升相结合,还可以融入许多课外活动中。学生可以使用速度计测试、英里跑、英里走来学习如何评估自己的有氧适能水平。学生的终极目标是找到他们喜欢的有氧活动、养成健康的活动模式以及理解如何应用FITT原则及其他训练原则,来达成自己的有氧适能目标。

5.9 有氧运动训练

5.9.1 训练一 清理动脉

5.9.1.1 健康益处

在日常生活中,人们可以通过多种方式从体育运动中获益,有氧运动有助于减少动脉中的脂肪沉积，保持心血管系统的健康，降低患心血管疾病的风险。

5.9.1.2 教学目标

让学生了解体育锻炼和心血管健康之间的关系。

5.9.1.3 教育标准

健康教育标准1：学生了解有关健康提升和疾病预防的理念。

健康教育标准3：学生能够展示自己具有实施促进健康行为，减少健康风险的能力。

体适能教育标准4：达到并维持一定的健康体适能水平。

5.9.1.4 设备

4个呼啦圈。

8个锥体。

40个沙包。

学生期刊（如果使用第二种评估技巧）。

5.9.1.5 活动流程

（1）将活动空间划分为4个区域；每个区域放置1个呼啦圈和2个锥体，并在每个呼啦圈中放置10个沙包。

（2）把学生分为4个小组。A组与B组比赛，C组与D组比赛，每个组分配一个区域，并进行团队间比赛（不是对角）。

（3）向学生解释：一个呼啦圈代表一条动脉，沙包代表脂肪，游戏的目的是让每个团队通过体育活动来清理自己团队动脉中的脂肪。

（4）以吹哨的方式，引导学生从他们的位置跑到他们的动脉（呼啦圈），拿起一个脂肪（沙包），把脂肪（沙包）运到对方区域，然后把脂肪（沙包）放在对方的动脉（呼啦圈）中。学生必须在活动场地的四周顺时针跑（出于安全考虑，如果可能的话，在体育馆中最好进行半场活动）；从呼啦圈中取出沙包前，应站在锥体外。

（5）3~5分钟后停止，教师或课外辅导员数一下沙包，看看哪个组的脂肪最少［任务完成最好的团队，动脉中的脂肪（沙包）最少］。接着告诉学生，进行体育锻炼有助于保持动脉畅通，增强体适能水平。

（6）教师或课外辅导员将脂肪（沙包）重新均匀分配，并重复此项活动。每个小组的目标是，下一轮要比上一轮去掉更多脂肪，这可能是促进团队合作的好时机，尤其是有残疾学生参加该项活动时。

5.9.1.6 教学提示

使该活动成为专业的体育训练。可用篮球代替沙包，手推车代替呼啦圈。学生需将球运到对方的手推车里，还可用长曲棍球或其他球类进行练习。

一次只能携带一个物体。

必须把物体放到呼啦圈里，而非扔进去。

必须沿同一方向（顺时针方向）移动，以避免发生碰撞。

5.9.1.7 示范及建议

残疾学生可以从活动区域中间穿过，而无须在锥体外围移动。

在游戏区中心建立一个区域，这样残疾学生就可以坐轮椅运动。

用袋子或车搬运沙包，可培养学生的独立精神。

5.9.1.8 多样化活动

学生在等待移动到中间并从对方动脉中取出脂肪时，可以选择最喜欢的设备（跳绳、篮球、毽子等）进行活动，而非在周围盲目活动。

一轮游戏结束后，学生就可以和他们的团队会合。这时，教师可通过以下问题，促进团队沟通。

- 你在做什么时看起来很成功？
- 列出两件你和你的团队要做的事，能更有效地清理动脉。

继续做游戏，让学生尝试实践他们的新想法，以使下一次运动效果更佳。

5.9.1.9 家庭拓展任务

鼓励学生把这个简单的游戏教给家人和邻里朋友。除了可以使用沙包，还可以使用任何球类。罐装物品可以作为替代物以增大活动强度。

5.9.1.10 评估

问学生为什么一根动脉会比另一根动脉的脂肪多？帮助他们把这种情况和现实中人体可能发生的事情进行比较。

让学生们练习5种可以改善心血管系统的特殊活动。

5.9.2 训练二 有氧运动的益处

5.9.2.1 健康益处

定期进行体育运动,特别是有氧体适能运动,已被证明能带来很多健康益处。

5.9.2.2 教学目标

通过参加各种各样的有氧体适能运动,学生将会了解哪种运动可以促进有氧体适能。

学生将发现有氧体适能运动的效果。

5.9.2.3 教育标准

健康教育标准1:学生了解有关健康提升和疾病预防的理念。

体适能教育标准3:定期参与体适能训练。

体适能教育标准4:达到并维持一定的健康体适能水平。

5.9.2.4 设备

有氧运动台阶。

楼梯或长凳。

篮球、足球、跳绳。

欢快的音乐和音乐播放器。

为每个小组准备的铅笔或彩色记号笔。

5.9.2.5 活动流程

(1) 将学生分为3~4组。

(2) 给每个小组1张工作表和1支铅笔或记号笔。

(3) 把有氧益处卡放在地上,在整个游戏区域随机分散放置。

(4) 当音乐响起时,每个组都可以选择任何一张卡。学生必须阅读有氧益处卡,并在他们的工作表上写下益处。

(5) 然后,学生把卡片翻过来,阅读有氧活动,上述活动需所有成员一起进行。

(6) 当小组成员完成预定时间的有氧运动时,他们会发现卡片上有下一个连续的数字。例如,如果他们从卡片8开始,他们会发现卡片9,在他们的工作表上写下益处,并在卡片的另一面写下完成的有氧运动。

（7）继续活动，直到学生们完成预先确定的卡片数量，或者在一定时间内继续。

（8）让学生聚在一起讨论。

·他们在工作表上写的有氧运动的益处（指出做有氧运动可以帮助他们保持身体健康）。

·找出活动的共同之处，以判定一项活动是否是有氧运动。

·学生每天完成了哪些有氧运动。

5.9.2.6 教学提示

根据活动的强度以及学生的年龄和体适能水平，确定每张卡片上活动的时间或重复次数。

目前，有氧运动可能对于学生来说很陌生，或者学生很少独立参加活动。

5.9.2.7 示范及建议

对于有智力障碍的学生，应使用语言和图示加以提示。

允许残疾学生在参与活动前先尝试该项活动。

5.9.2.8 多样化活动

将技能培养融入该活动中，要求学生使用特殊技能，到达下一站点时（如进行橄榄球运动），需要把球传给身后的同学（同时还要向前移动），才可以向下一站点前进。

我们的目的是让学生阅读并记下益处，而非将它写在每一个站点上。活动结束时，学生需要写下有氧体适能运动的5个益处。

5.9.2.9 家庭拓展任务

学生可以邀请朋友或家庭成员做最喜欢的有氧运动，如步行或骑自行车。

学生可以告诉家庭成员参加有氧体适能运动的益处。

5.9.2.10 评估

检查工作表上有氧运动的益处是否正确。

让学生向邻居宣传三个有氧运动的益处。

准备一张描述有氧运动和非有氧运动的图片，要求学生识别哪个是有氧运动。

5.9.3 训练三　画出心率图

5.9.3.1　强度

热身运动可以提高身体温度和肌肉的弹性，减少受伤的风险，放松运动可以使身体温度恢复到正常水平，并允许肌肉在运动过程中消耗产生的废物。强度是指一个人进行活动的程度。

5.9.3.2　教学目标

学生将在参加游戏时学会监控自己的有氧运动强度。

5.9.3.3　教育标准

体适能教育标准1：能展示各种体适能训练项目，以证实自己掌握了相应的运动技能与方式。

体适能教育标准4：达到并维持一定的健康体适能水平。

5.9.3.4　设备

为每个学生准备铅笔。

让学生玩3∶3极限飞盘游戏、抢球游戏或任意有氧运动游戏（3∶3极限飞盘游戏需准备1个飞盘或足球、3个彩色小球、1个呼啦圈、6张"画出你的心率表"、6支铅笔）。

欢快的音乐和音乐播放器（可选）。

5.9.3.5　活动流程

（1）设置多个小型游戏区域，这样学生就可以同时进行3∶3的极限飞盘游戏。

（2）每个游戏区域都有1个呼啦圈、1个飞盘、3个彩色小球、6张"画出你的心率表"和6支铅笔。

（3）让学生记录10秒的静息心率并在热身前记在心率表上。

（4）接下来，学生进行热身运动，其中包括和一位静止不动的伙伴扔飞盘，然后扔给一位正在运动的伙伴，确保学生交替接扔，留出时间让学生拉伸主要肌肉群。在热身之后，让学生们在表上记录10秒内的心率和间隔1秒的心率。

（5）发出信号时，游戏开始（3∶3极限飞盘游戏）。极限飞盘游戏需在矩形室内场地或室外进行，成员为两组各三名组员。两个区域之间由圆锥体隔开作为得分区域。当一组给在场边站着的组员完成传飞盘时，即得 1 分。组员不能带着飞盘跑（飞盘也可以用小的泡沫球代替）。当某一组员拿到飞盘时，必须停下来，尽力把飞盘扔给另一位组员。接到飞盘的组员需要将其传给下一位组员，最后飞盘便会传到最后一个组员手中到达得分区。如果飞盘触地，或者被对方拦截或组员被撞倒，那么对方组员则得到飞盘。防守员的任务是阻止对方的飞盘到达得分区。该运动为非接触式，所以防守员必须与进攻组员保持一臂的距离，不能与进攻组员接触，否则，防守员就会受到惩罚，而对方则可在无人防守的情况下投掷一次。

（6）游戏开始 3~5 分钟后，学生应再次测自己的心率，并将其绘制在间隔 2 和间隔 3 的工作表上，让学生知道他们应达到的目标心率。此外，他们还应了解，每周几乎每天至少应花费 20 分钟进行有氧运动，运动心率最起码应达到最大心率的 60%~85%。

（7）游戏结束时，学生可以在活动区域内步行 3~5 分钟进行放松；完成这一程序后，他们需要记录最后 10 秒的心率——心率图的运动放松后部分。

（8）活动结束后，学生应绘制完成心率表。

5.9.3.6　教学提示

学生应在侧重技巧的课程中，监测自己的运动强度。若有可能，教师应在课程中纳入运动技能，向学生传递健身理念。

图表和解说图是许多标准化测试的一部分，有助于学生练习技能。

告诉学生只能在指定区域活动。若一组的飞盘或球被扔进另一组的区域内，那么该组组员应走到区域外，告诉另一组组员"请把球给我"或"请把飞盘给我"，拿到球或飞盘后，必须带回自己的场地（不是扔或踢）。

5.9.3.7　示范及建议

学生应能够根据自己的运动强度进行训练。

如果学生的体适能水平不高，或者由于运动能力有限，学生很容易疲劳，那么可使用 4 人组的模式，这样就会有一个人处于休息状态，以便有时间恢复体力。

为照顾坐轮椅的学生，游戏应在室内进行，地面硬度应能够使轮椅自由移动，让学生有机会提高心率。

5.9.3.8　多样化活动

在玩高强度游戏时，请完成"画出你的心率表"。

定期使用图表，可帮助学生将先前的图表与之后的图表进行比较，以记录他们的进步并设定目标心率。

5.9.3.9 家庭拓展任务

让学生在放学后参加他们最喜欢的体育活动，绘制图表，每月一次。

让学生为家人或朋友绘制心率图表。

5.9.3.10 评估

让学生完成"画出你的心率表"，可为学生理解运动强度水平和设定未来的进步目标提供依据。

5.9.4 训练四 FITT 有氧体适能

5.9.4.1 强度

强度描述的是你进行体育锻炼的努力程度。最佳强度因参与者的年龄和健康目标情况而有所不同，一般我们借助心率测量运动强度，改善有氧体适能。

5.9.4.2 教学目标

学生学会评估强度对心率的影响。

学生学会确定自己的运动强度水平，以维持运动心率。

5.9.4.3 教育标准

体适能教育标准2：证实自己了解各种运动项目的理念、规则、策略和战术，并能用于体适能训练的学习和展示过程。

体适能教育标准3：定期参与体适能训练。

体适能教育标准5：展示有责任的个人行为和社会行为，在体适能训练过程中尊重自己，尊重他人。

5.9.4.4 设备

给每个学生提供铅笔。

提供标准跑道等其他安全的活动空间。

5.9.4.5 活动流程

（1）复习静息心率、最大心率、目标心率、频率、强度、时间和类型（FITT）的概念。

（2）使用有氧体适能工作表，学生应该分别记录热身、绕跑道走一圈、慢跑一圈和匀速正常跑一圈后的心率。

（3）学生得到这些数据后，讨论增加和减少强度对他们心率的影响。

（4）让学生单独训练，绕着跑道跑一圈；运动时尝试达到训练要求的心率区间。他们可以选择步行、慢跑、快跑或者其他任何一种方式，因为学生的运动心率区间有所不同。随后再次绕着跑道跑。

5.9.4.6　教学提示

这项活动可以在体育馆内进行。学生需要记录自己热身后的心率、绕体育馆走3圈后的心率、慢跑3圈后的心率及沿着篮球场长边快跑4次后的心率。

5.9.4.7　示范及建议

残疾学生也可以在训练中测出自己的心率。具体做法如下：坐在轮椅上，用篮球或排球对着墙拍；将较轻的实心球举过头顶保持30秒；举起比较轻的重物保持30秒。

那些能够走路或慢跑，但是有轻度残疾的学生，可在同伴帮助下克服障碍，即让另一个学生协助他们测量并记录心率。

5.9.4.8　多样化活动

允许学生找合作伙伴或小组合作。团队成员体适能水平应该彼此接近，并且能享受与他人一起运动。

5.9.4.9　家庭拓展任务

让学生在社区中寻找可以定期参加有氧运动的机会。

5.9.4.10　评估

让学生自己测评，在运动心率区间内标记所需的运动强度。

5.9.5　训练五　循环接力

5.9.5.1　强度和时间

强度指你完成活动的程度，包含低、中、高3个强度，为在运动中达到目标心率，学生心率应达到最大心率的60%。有氧运动的目标是在目标心率范围内进行至少20分钟的运动。时间是指运动时长，运动时间增长，有氧体适能效果会更好。

5.9.5.2 教学目标

在特定时间内，学生可维持或提高运动心率（最大心率的60%~85%）。

学生可以根据自己的心率监控自己的运动强度。

学生可根据需要提高健康体适能水平，并持续进行20分钟的有氧体适能运动。

5.9.5.3 教育标准

健康教育标准1：学生了解有关健康提升和疾病预防的理念。

健康教育标准3：学生能够展示自己具有实施促进健康行为、减少健康风险的能力。

体适能教育标准4：达到并维持一定的健康体适能水平。

5.9.5.4 设备

快节奏音乐和音乐播放器。

学生每人1支铅笔。

跳绳（可供2/3的学生使用）（可选）。

计步器，每人一个（可选）。

其他要求可参见"教学提示"。

5.9.5.5 活动流程

（1）向学生介绍在合适的目标心率区间进行有氧体适能运动的重要性以及讨论哪种活动可以提高心率及维持较低的静息心率。

（2）让学生计算出自己的目标心率区间（最大心率的60%~85%），或告诉他们当前所处年龄段的一般目标心率区间。

（3）活动开始前，让学生确定自己的心率（初始值），你可以根据"10秒内的计数心率"帮助学生快速计算出他们的心率。

（4）热身结束后，把学生分成3组，每组3位学生。第1位学生位于篮球场一端；第2位学生位于篮球场中线；第3位学生位于篮球场另一端。如果没有篮球场，可以用其他能够标记空间的物体，如锥体。

（5）播放音乐。

（6）操场两端的学生可以跳绳（如果没有绳子，学生就可以模仿跳绳动作），位于操场中心的学生则跑步。该生跑到操场一端后,跳绳者转为跑步者,向操场另一端跑去,活动持续2~3分钟。

(7) 2~3分钟后,音乐停止,让学生检查自己的心率,提醒他们注意该心率是否在适当的心率范围内,是否需要增加或降低运动强度。学生需在个人运动日志中记录自己的心率或心率范围。继续播放音乐2~3分钟并接力。

(8) 停止播放音乐,再次让学生检查心率,并在日志上进行记录。

(9) 继续按预定的时间或轮数进行活动。

(10) 活动结束后,简单回顾本次活动所学的概念。

5.9.5.6　教学提示

活动时长及休息时间应根据学生的体适能水平来确定。

若学生首次使用目标心率范围,教师可借助大海报,向学生展示是否达到了合适的目标心率,该海报可以含有全班学生年龄范围内的图表。

让学生用计步器记录步数,然后把3个学生的步数相加。需要注意的是,由于步数受学生身高的影响,因而不要比较各组的总步数,除非两组学生的身高相差不大。

5.9.5.7　示范及建议

坐轮椅的学生,可自己坐轮椅从操场一端到达另一端,并在终点线上进行适当的活动。

允许坐轮椅的学生用上肢运动代替下肢运动。

5.9.5.8　多样化活动

给在操场中心的学生一件运动器材(如篮球),并让他们完成一个特定的球类技能(如8字运球)或进行肌肉力量和耐力活动(如组员在到达操场一端前,做仰卧起坐或俯卧撑),注意重复次数不要太多。

完成一个回合后,可改变活动类型。学生可以分辨出哪项活动可以增加或维持适当的心率(若需降低心率,可以跳绳或做伸展运动)。

5.9.5.9　家庭拓展任务

鼓励学生在课后参加一项自己最喜欢的游戏或活动,并在个人运动日志上记录强度水平,日志由学生与家长或监护人共同完成。

5.9.5.10 评估

让学生告诉团队成员他们运动前后的心率，并讨论这些数据所代表的含义。

检查学生在活动期间所记录的日志，将这些记录保存下来，并不断增添运动数据。但由于学生频繁停下来记录数字会弱化提高心率的效果，通常情况下，记录运动前后的心率即可。

若有计步器，学生可以将自己和团队成员的步数都记录下来，以供日后调整活动之用。

调整活动后，可让学生计算出同伴参与活动的时长。

可对学生进行口头和书面提问，如强度的定义、时间的定义、调整心率的方法及如何才能将心率维持在目标心率范围内。例如，如果学生想要长期进行体育锻炼，那么他的运动强度应该是多少（低至中等强度——达到最低目标心率范围）？

第6章 肌力和肌耐力

为了体适能的全面发展，一套全面的健康体适能训练计划必须包括肌力与肌耐力的内容。肌力与肌耐力训练对成人的健康极为有益，这一点在文献研究中已有非常翔实的记录，但其给儿童健康所带来的益处却鲜有记录。但是，这并不意味着儿童不用提升自己的肌力与肌耐力水平。在制订肌肉适能训练计划时，不可将儿童当成小版的成人，一定要牢记"成人的举重模式并不适用于儿童"。许多成人进行负重训练的目的并不仅是提升举重能力，往往还出于其他目的，如增强运动表现水平、防止肌肉受伤。但是，这样的训练模式究竟是否适用于儿童，学界对此观点不一。青少年力量训练专家建议，儿童在参与一项运动计划前，需要进行一定程度的力量提升活动来预防伤病并提高运动技能，有点类似成人运动员的赛季前的体能训练。尽管这些训练和建议可能适用于儿童，但是体育课的重点还是应该放在为学生创造积极体验、注重技巧的活动上。

6.1 肌力和肌耐力的定义

为了让学生能够进行安全、高效的抗阻训练，教师必须透彻理解各种与肌力、肌耐力相关的术语。肌力指的是肌肉或肌肉群通过完整的收缩动作，释放最大的力量以克服阻力的能力。完整收缩至关重要，因为任何运动，只要没有进行完整收缩，都无法达到预期的训练目的——只有进行完整收缩后，肌力与肌耐力才会有所提升。肌力的表示方法一般为1RM，即只一次重复举起的最大重量。在本章的后半部分，即"测定1RM"部分中也提到该概念对于制定合理的训练负荷及开发适用练习的重要性。肌耐力指的是肌肉或肌肉群在一段时间内，反复释放次最大力量的能力。

本书将肌力与肌耐力统称为肌肉适能，因为在实际体育活动及运动中，二者难以区分，特别是对于初级阶段的学生而言。在本书中，大家会发现许多运动都利用儿童身体的重量作为阻力（见"教学提示：肌力的教学方法"）。

教学提示：肌力的教学方法

小学生需要学习不同重量的力量训练给身体带来的感受有何不同，可以让学生使用多种类、多尺寸（1~5千克）的力量训练器械进行练习，教会其感知不同重量的训练给身体带来的不同感受。

俯卧撑的做法不止一种，但是每种做法都需要保持背部的稳定。做俯卧撑时，可在背上放一个沙包或一个网球，帮助学生学习正确的俯卧撑姿势。要求学生在做俯卧撑时，保持沙包或网球不掉，长此以往，定会做出非常标准的俯卧撑。

在合理的负重训练中，无论对于成人还是儿童，在增加重量并减少重复次数前，必须（在低重量下）保持动作标准且达到一定的重复次数。同时，切忌通过快速重复动作来借助动力辅助举重。练习者可以以6秒为一个练习单位，在练习过程中，用2~3秒将重物举起，再用3~4秒将其放低，过程中要注意技术动作标准。此外，儿童不宜用过重的物体练习（少于6次重复）。对于儿童而言，普遍的标准为每组动作重复6~15次，以促进力量水平的变化。研究表明，单个动作完成6~8组，每组重复6~15次，能够使青少年的力量最大限度地提升，可以将这门课程命名为肌肉适能课，不用细分为肌力和肌耐力。

抗阻训练或力量训练是系统的、需要提前计划的一种训练。训练时使用不同方式（如自身体重或张力带）或是能够给运动系统（肌肉、骨骼）逐步增大压力以提升肌力的设备（机器或自由训练器械）。另外，举重被视为一种展现最大力量的竞技性运动，奥运会中的举重项目被细分为抓举和挺举。儿童并不适宜参加力量举重（一种结合硬拉、深蹲以及卧推的竞技性运动）或评判肌肉尺寸、对称性以及健美类的活动。因为儿童在生理上还未发育成熟，所以难以看到肌肉尺寸、对称性以及线条的变化。

在进行抗阻训练时会出现健康问题，主要是由于人们对相关专业术语的混淆。许多人会采用成人的训练模式指导儿童进行抗阻训练和健身，觉得训练重量越重越好，而且会参加一些竞技性的举重运动，但这种模式并不适用于儿童。有许多关于抗阻训练的建议方法，可为儿童抗阻训练计划的制订提供指导。权威专家普遍认同，抗阻训练或负重训练对于儿童而言是安全的，但举重、健美以及其他注重最大力量的竞技性运动并不适合儿童。在这种环境下，凡是涉及肌力与肌耐力训练的运动，都会提到"抗阻训练"这一专业术语，因为抗阻训练包括多种运动，不仅只是利用重物进行训练的方式。

6.2 抗阻训练的益处、注意事项

抗阻训练的益处很多，其中许多都与年龄相关，尤其是青春期后的青少年，能够从中获得更大的益处，提高运动表现水平。

抗阻训练的潜在益处如下。

(1) 增大肌力。

(2) 增加肌肉爆发力或力量快速释放的能力。

(3) 增加肌耐力。

(4) 利用循环负重训练提升有氧适能。

(5) 避免肌肉骨骼系统的损伤。

(6) 增强运动表现水平。

(7) 降低成年之后的骨折风险。

(8) 在骨骼生长期间，促进骨骼生成，包括增强骨骼强度及促进骨骼生长。

青春期前的儿童不仅能获得上述益处，而且会获得许多与成人抗阻训练计划相关的健康益处，主要如下。

(1) 改善血脂状况。

（2）改善身体成分。

（3）促进身心健康。

（4）培养更加积极的终身运动态度。

安全是健康体适能教育中的重要内容，但最重要的是要遵守本章末尾所归纳的安全指南。同时，还应探索其他与提升儿童和青少年肌力与肌耐力有关的训练方式，这些方式应安全有效。此外，在设计和实施相应课程计划以及活动时，应注重儿童的年龄差异、实际能力、身心成熟情况、运动经验以及每个学生的体适能差异。

在考虑训练设备和教学理念前，体育教师必须事先了解部分与抗阻训练有关的注意事项，特别是对于青春期前的儿童。制订儿童抗阻训练计划之前，应仔细确认以下注意事项。

（1）必须确保儿童在生理及心理上全都准备就绪才可进行。

（2）训练过程必须由了解儿童抗阻训练以及青春期前儿童特殊问题的教师全程监控。教师与学生的比例应为1∶5，教师与有运动经验的青少年的比例可以为1∶10。

（3）每次举重练习前，教师必须强调技术动作的准确性以及安全的重要性。

（4）使用并不适合儿童的器械进行训练时，一定要格外谨慎。

（5）抗阻训练不应被视为一种独立的训练活动——应被视为增强运动技巧以及体适能水平整体训练计划的一部分。

（6）抗阻训练前应当进行热身运动，训练结束后也应进行放松运动。

（7）该训练计划应包括向心收缩（肌肉收缩）以及离心收缩（发力状态下肌肉伸展）。

（8）需要强调的是，全程都要完成最大范围的活动。

除了上述需要考虑的因素外，美国儿科学会还建议，儿童以及青少年在进行抗阻训练前，应进行一次体检，以排查限制或禁止其参与抗阻训练的身体问题或骨骼问题。尽管在进行抗阻训练时需要注意上述内容，但这并不应该成为教师在体育课上教导学生进行抗阻训练的障碍。只要方法合理、监护细心，无论哪个年龄段的学生都会体验到抗阻训练的乐趣，而且不会出现安全问题。

根据不同年龄制定训练计划、训练内容的多样性以及合理的监护，都会让儿童进行更为安全、高效以及有趣的抗阻训练活动。教师要意识到，每个学生都是不同的，必须了解其生理和心理的独特性。相应地，学生也应该清楚抗阻训练的益处与风险。虽然学生的需求、目标和兴趣在不断地变化，但抗阻训练一直被视为安全且高效的训练运动，是青少年体适能训练计划的一部分。

尽管根据年龄所制定的抗阻训练指导原则是源于FITT指南，要求抗阻训练应从较轻到较重的重量进行，但在制订抗阻训练计划时，还是应该根据"训练年龄"（如训练年限）进行具体安排。这样一来，便能够让年幼的、有经验的学生在合理指导与监护（利用循序渐进以及超负荷原则）的情况下，进行安全的自我挑战。利用每组运动的重复次数来决定练习重量，使学生每组运动达到6~15次重复次数。该方法避免了对"轻"和"重"的模糊定义。当学生能够完成15次重复之后，便可以将重量增加0.5~1.5千克。

6.3 肌力和肌耐力的教学指导

即便没有先进的训练设备，学生也能够学习肌肉适能的概念以及抗阻训练课程。橡胶管或其他材质的阻力带，既便宜又方便购买。在小学期间，大多数学生可以利用自身体重练习，部分学生甚至可以延续到中学阶段。还有一种方法是收集食物罐头，利用它们作为小重量进行锻炼（而且使用完之后，还可将其捐赠给当地的食物赈济处）。如果学生的教师或母亲有缝纫机，可以为学生缝制一个挂包，并在里面装一些不是很重的物体、食物罐头或是其他能够用于抗阻训练的物品。挂包的承重能力应该足够大，以便学生在每个站点可以选择适合自己的重量进行训练。学生也可以通过不同的球类运动来训练自己的平衡和力量。此外，如果没有训练设备，还可进行双人抗阻训练。许多小学阶段的学生心理尚未发育成熟，无法参与正式的抗阻训练，但他们可以根据《体适能教学与训练指导：小学阶段》进行肌力和肌耐力的训练。该指导会为这一阶段的学生提供合适的肌肉适能训练活动。小学快毕业时，可给学生一个机会，让其接触较为正式或综合的抗阻训练计划。虽然大部分运动指南都是根据年龄顺序编写的，但是要切记，在制订抗阻训练计划时，要时刻考虑训练者的心理以及生理的成熟度。

在选购训练器械时，要选择符合学生基本训练需求的器械。大多数器械的重量并不适合体型较小的学生，因此阻力带、哑铃、药球或是负重器械更加合适。但在使用以上器械时，一定要注意安全，因为阻力器械的使用可能会带来关于正确姿势以及运动技能方面的安全问题。绝大多数青少年在进行抗阻训练时受的伤都与不正确的举重技术动作、最大重量的选择有关，或是训练时旁边没有受过专业训练的成人监护；在进行硬拉、卧推或是过头推举时，也容易受伤。记住，使用传统的负重训练器械仅是训练方式的一部分。

学生在增加负荷前，应先对自身的体重进行管理。在《体适能教学与训练指导》中，我们已经提到很多种运动和活动都可以在没有运动器械的条件下进行，并且有很多有关肌力与肌耐力的概念。

6.4 肌力和肌耐力的训练原则

在第3章中，我们说明了抗阻训练的基本训练原则，教师可以教授学生多种练习以提升其肌力或肌耐力，学生只要遵循这些原则即可。在成人的训练模式中，调整运动模式、动作组数、重复次数以及重量都至关重要。但是近期的研究表明，与高负荷7RM的练习相比，中等负荷14RM的练习对于促进青春期前（无论男女）学生的力量增长更有帮助。如前所述，每组动作的重复次数为10~15次，对于青少年而言才是最合适的。随着年龄的增长以及训练目标的转变（由先前的技术动作学习转变为重量的增加，以适应后续的训练和运动状况），可适当增加动作组数。

本节会带领大家回顾第3章中提及的训练原则是如何具体应用到抗阻训练中的。

6.4.1 超负荷原则、循序渐进原则、专门性原则、周期性原则、个性化原则

超负荷原则对身体肌肉组织的能力要求更高，因此建议进行肌力或肌耐力提升训练的学生，必须在整个训练过程周期性地增加运动负荷，特别是针对运动肌肉需要采用比平时

更大的阻力以应用超负荷原则。增加重复次数也是进行超负荷肌肉训练的方法之一，但此法只适用于肌耐力的提升，并不适用于肌力的提升。减少每组动作之间的休息间隔时间，也是一种超负荷训练方法。记住，训练负荷的增加必须符合学生的年龄及体适能水平以及生理年龄并不一定是决定负荷和重复次数的最佳标准。以上建议与成人的运动处方略有不同，以期能够更加安全有效地提升学生肌力。因此，学生训练时，推荐使用动作组数为1~3组，每组重复次数为6~15次的训练模式。该模式使学生更易于完成，且当他们看到自己所达成的成就时会十分愉悦。

循序渐进原则，即逐渐增加训练强度，也就是利用一种更为系统的方式来增加活动的阻力以及强度。然而，为了避免受伤，学生必须了解循序渐进原则的含义，并据此制定训练目标。例如，对于初级者而言，要形成一个良好的肌肉适能基础，通常需要利用自身体重进行1~3组训练，每组重复次数为6~15次。最初练习时，重量的设定以每组动作能够进行6~10次的重复次数为标准（不得超过11次），随后可将重复次数渐渐加至15次。每次增加的重量应为0.5~1.5千克，相比一次增加过大的重量（超过1.4千克），这样的方式更为安全实际。任何情况下，都不可一次增加超过2.5千克的重量。在某些情况下，练习时，一项元素的提高往往伴随另一项元素的下降。例如，随着训练强度的增加，应慢慢减少训练量；反之亦然，确保所制订的健康体适能活动计划能够以一种安全且循序渐进的方式提升学生的体适能水平。

专门性原则是指"源于某个训练计划所产生的训练效果，特定于进行了的训练以及训练使用到的肌肉。"就抗阻训练而言，该原则是指学生所选的体育运动应能够帮助他们展现当天课堂上所学到的学习成果，先前提到了超负荷以及循序渐进原则，为教学计划的专门性奠定了基础。

周期性原则指的是训练必须定期进行，这样才能有效果，长期停止训练会使训练时获得的收益消失。每周进行2~3次肌力与肌耐力的练习，才能使肌肉保持长久的健康状态。如第5章提到教师也很可能遇到有更高目标追求的学生，教师的责任是要提供给学生精确有用的信息，帮助对运动感兴趣的学生，在保证安全的前提下，达到自己的肌力与肌耐力训练目标。

个性化原则考虑的是每个学生对体育活动以及肌肉适能的目标不尽相同，而且他们肌肉适能的初始水平也都不一样。对于儿童而言，体育课程应包含各类活动，以促进儿童运动技能的全面发展，因此，其中必然包括肌肉适能的训练活动。随着学生年龄的增长，发育的成熟以及对某项运动展现出的兴趣，这种多样性让他们拥有成功的机会，并给他们在日后体育运动领域取得进一步的发展从运动技能上奠定了坚实的基础。

6.4.2 FITT 指南

肌肉适能的训练指南是根据美国儿科学会以及美国国家体能协会所提出的政策声明制定的。人们普遍认为，抗阻训练的频度应为每周 2~3 次。至于训练强度，情况更为复杂，与学生的身体成熟状况有关。根据学生的年龄以及美国儿科学会、美国国家运动医学学会、美国国家体能协会所提出的建议，表 6-1 简要概括了 FITT（频度、强度、时间、类型）指南。

表 6-1 适用于肌肉适能训练的 FITT 指南

年龄	9~11 岁	12~14 岁	15~16 岁	≥17 岁
频度	每周 2~3 天	每周 2~3 天	每周 2~3 天	每周 2~3 天
强度	超轻重量	轻重量	中等重量	略轻于最重的重量（根据所选运动的类型而定）
时间	至少 1 组（也可以是 2 组），每组重复 6~15 次，运动时间至少为 20~30 分钟	至少 1 组（也可以是 3 组），每组重复 6~15 次，运动时间至少为 20~30 分钟	至少 1 组（也可以是 3~4 组），每组重复 6~15 次，运动时间至少为 20~30 分钟	至少 1 组，每组重复 8~12 次
类型	主要肌肉群，每块肌肉或肌群进行一次练习	主要肌肉群，每块肌肉或肌群进行一次练习	主要肌肉群，每块肌肉或肌群进行一次练习	主要肌肉群，每块肌肉或肌群进行 8~10 次练习；选择肌力或肌耐力练习

人们普遍认为，儿童时期（青春期之前）学生的主要任务是学习基本的运动技巧，并利用自身体重进行训练，在其青春期过后，便可以使用成人的训练模式。加重的时候一定要慢慢增加（5~10 千克），并且重复次数范围应控制在 6~15 次。抗阻训练的时间至少为一次 20~30 分钟，或者要能够做完 1~3 组，且每组 6~15 次的重复训练，休息时间则应根据运动的目标而定。抗阻训练的休息时间间隔应为每组动作 2~3 分钟，而肌耐力或是爆发力训练的时间间隔应当更短，90 秒较为合适。切记，儿童的无氧系统尚未发育完

全，若在耐力训练期间不进行短暂的休息，可能会导致轻度的恶心、头晕。

类型指的是抗阻训练的种类，如肌力、爆发力或耐力训练，同时也指力量训练方法的多样性，如弹力带、负重器械、机械重物或是双人抗阻练习。

6.4.3 测定1RM

一旦涉及1RM的概念，我们必须格外谨慎。学生会非常自然地想知道自己究竟能够举起多重的重量，并且想挑战自己的同学，看看到底准更强壮。记住，教师一定要事先教授学生安全的预防措施，并且不能以1RM的重量来设定训练强度（负荷）。在青春期前后，学生的训练强度不得超过预测1RM值的70%~80%，也不能用负重器械做爆发式的快速举重，这些建议适用于大多数学生和教育课程体系。在某些情况下，只要经过合理的训练和监护，青春期后期的学生也是可以学习爆发式举重技巧的。测量1RM的方法有很多，如可以先测量10RM，之后利用表格来换算1RM；或者可通过多于6次但不多于12次的重复举重练习的重量来计算1RM。对于学生而言，通过6~12次的重复，预估出1RM往往比精准测量出10RM更为简单。青春期后期的学生（女生年龄为13~18岁，男生年龄为14~18岁）或者是高中生也需要进行1RM的预测。

6.4.4 控制训练强度

在总负荷相同的情况下，训练者可通过调整训练强度进行肌力或肌耐力的训练。要想提升肌力，训练者可以通过增加举重重量，同时减少重复次数来增加训练强度（如一个学生腿部推举的重量为45千克，重复次数为6次，那么其总负荷为270千克）。要想提升肌耐力，训练者可通过增加重复次数、减少举重重量来增加训练强度（如一个学生的腿部推举重量为22.5千克，重复次数为12次，其总负荷为270千克）。

举重练习的速度也会影响训练强度，但儿童的训练还未涉及速度问题。在固定的时间内进行多次重复的循环训练所涉及的运动，都应利用自重，如俯卧撑、卷腹运动或其他不借助器械或负重设备的运动。规定具体的重复次数，慢慢地以标准的姿势进行训练才更为合理，而非注重自己在30秒内所能重复的次数是多少。注意，使用负重器械进行过快的举重动作可能因产生额外的动量对抗阻力，从而降低强度。对于儿童而言，抗阻训练的重点应该放在纠正错误动作以及培养运动技巧上，而非通过加快动作速度从而改变运动强度。举重速度过快（4秒重复一次，或者更快）很有可能使训练者受伤。弗根邦姆和韦斯科特建议，6秒重复一次（2秒举起，4秒放下），但他们认为8秒重复一次（4秒举起，4秒放下）以及14秒重复一次（10秒举起，4秒放下）也同样有效。适当降低动作的速度是有益的，其中原因有很多，如更长时间地保持肌肉的收缩、提升肌肉力量、降低冲量效应和减少受伤风险。

6.5 肌力和肌耐力的训练方法

在指导学生从基础训练到中阶训练再到高阶训练时，增加5%～10%的负荷量对于大多数学生而言是较为合适的。对于初学阶段的学生而言，尤其是小学生，首先要利用自身重量、同伴或是较轻的药球进行循环训练，并且训练的量应少一些，强度也应处于非常低的水平。在训练之初，尽量让学生慢下来，之后再根据个人需求以及目标逐渐增加频度、强度或时间。

6.5.1 自重训练

虽然很难量化训练强度，但是卷腹运动、俯卧撑以及其他自重训练，都能帮助训练者提升肌力与肌耐力，而且不需要借助器械。对于年纪较小的学生（从幼儿园到小学四年级）或是初学者而言，这种类型的抗阻训练非常合适。对于小学生或是那些觉得仰卧起坐或俯卧撑难度较大的学生而言，可以进行反向仰卧起坐，或是只完成俯卧撑的下降阶段且保持该姿势就行。这些运动既有趣又安全，还能为学生带来积极的健康益处。同时，也可以在运动中添加音乐或游戏，如"环游世界（游戏）"。

训练建议：

（1）无论多大年龄的学生，如果开始训练之前没有训练经验，那么应该让学生从较低等级的训练开始，慢慢过渡到更高的等级，如耐力训练、技巧训练、训练时长和身体的承受能力。

（2）刚开始要慢，只做 1 组，重复 10～15 次，每周训练 2 次，这样可以让学生收获自信。

（3）**逐渐增加训练强度**，可增加至 1～3 组，每组重复 6～15 次，每周训练 2～3 次。

（4）大多数训练的运动负荷增幅为 5%～20%（1～2.5 千克）。

（5）强调全范围的运动，强调运动的趣味性。

（6）使用个性化的训练日志。

（7）与他人分享个人成功的经历。

（8）强调收获快乐。

（9）与课堂活动的多样性相结合。

（10）介绍新的练习形式。

（11）改变运动模式。

（12）改变动作组数与重复次数。

（13）建立多元化目标。

（14）不要将目标局限在增强肌力或肌耐力上。

（15）让学生了解自己的身体结构和安全举重的技巧，培养他们对体育活动的积极态度。

自重训练的适用范围广。这种运动形式的优势在于不用借助任何运动器械就能运动，这就意味着对于今后的训练而言，不用花大量的资金来购置训练器械就能达到提升肌肉适能水平的目的。自重训练也更加安全，不易使人受伤，并且即便是在休假期间也可以进行训练。各个年龄段的学生都必须学习各种自重训练的正确形式，即便学生所在的高中有健身房，也还是建议这样做。

对于学生而言，他们的最终目标是要学会对自己的身体健康负责。应该给学生机会，让其制订并实践个性化的训练计划。

6.5.2 双人抗阻训练

双人抗阻训练法是基于自重训练的一种拓展形式，虽然这种训练的强度很难评估，但在训练初期或是训练资金有限的情况下，这种训练方式还是很有帮助的，不借助器械或简单器械，如毛巾、绳子、弹力带。相比单人自重训练，双人抗阻训练更能有效地针对各个肌肉或肌群。双人抗阻训练适用于各个年龄段的人群，从高年级小学生至成人，特别是对于那些年龄太小还无法使用标准器械进行训练的儿童。在选择训练伙伴时，一定要注意对方的身高、体重、力量水平都要尽可能地与自身相近，以确保训练的安全性以及训练的合理性。在训练时，鼓励双方有良好的交流，明确需求，并且注意安全，训练伙伴应彼此互助，以保持正确的技术动作，并通过互相监督和鼓励，提升彼此的动力。

6.5.3 可选的训练方法

阻力带训练法适用于小学高年级或是年龄更大一些的学生。药球训练法适用于所有年龄阶段的学生，小学生也可利用不同重量的药球进行训练。阻力带训练包括使用橡胶管、橡胶绳或是专门为肌力与肌耐力训练定制的阻力带，如 Exertube、Dynaband、Flexi – Cord 或是 Thera – Band。橡胶管的厚度决定训练强度，厚的适用于高强度的抗阻训练，相反，薄的适用于低强度的抗阻训练。另外，学生也可以通过伸长或缩短橡胶绳调节阻力强度。尽管使用者无法精准地测量出训练强度，但这种训练方法的确投入小、效率高，能够拓展肌肉适能训练计划。这种方法还有一个优点，就是规则要求较少。

药球的重量及尺寸多种多样，训练者可以根据需要进行选择购买。弗根邦姆、韦斯科特（Faigenbawm and Westcott）指出，利用药球训练有三点好处：第一，该训练方式采用动态运动模式，并且可快可慢。第二，通过抓取和投掷，药球可用来训练上半身，下半身以及整个身体。第三，它能训练核心肌群，包括腹部、髋部以及腰部的肌肉。而药球训练法也是一种增强学生肌肉适能的有效方法，使用这些方法可以使多名学生能够同时进行训练活动，并且花费投入不多。

壶铃已经有数十年的历史了，最近几年又开始流行。壶铃的尺寸及重量各不相同。该项运动近几年又开始流行的原因是人们开始注重对整个身体的训练。举起以及控制壶铃的过程需要整个身体的肌肉（特别是核心肌肉）协同收缩才可以做到，因此，这项运动能够同时提升力量以及稳定性。教师必须训练学生正确使用壶铃的方式，否则很可能会引发严重的伤病。

瑞士球是学生提升肌力、肌耐力以及平衡能力的另一种方式。一个45厘米的瑞士球刚好适合青春期前儿童的身高，他们也能很轻松地运用它。8~12岁的学生训练时，选择一种能够锻炼全身肌肉并兼顾3~4种核心肌肉练习的锻炼方法或器械。

6.5.4 负重训练

根据训练的目标、可用设备以及训练空间的大小，可选择使用负重器械进行训练。教师通过介绍每一项活动的目的，教授每项活动的正确发力技巧，概述适宜的负荷范围、重复次数以及速度，来向学生讲解一项活动。此外，将这些因素与强度、课程目标、个人目标相联系。在训练时一定要遵循前文所提到的安全及健康指南，以确保负重训练计划的安全性和有效性。如果负重训练有可替代的其他选择形式，教师应教授学生这些可以用来锻炼相同肌肉或肌群的替代方法。同样地，如果一套训练体系过度依赖器械才能进行，也需要教授其对应的自由重量（非固定）练习方式，以此拓展训练机会，以便学生在课外也能进行训练。表6-2提供了一些适宜青春期后青少年的运动项目。

表6-2 肌肉适能运动

运动名称	目标肌肉和部位
站姿哑铃侧举	肩部
哑铃弯举	肱二头肌
哑铃肩上推举	肩部、斜方肌
仰卧飞鸟	胸部、肩部
胸前投掷药球	肩部、肱三头肌
Z字形投掷药球	手臂、肩部
手腕投掷药球	手臂、身体、腹斜肌
头上投掷药球	胸部、肩部、手臂、腹肌
铲掷药球	髋伸肌、手臂、肩部、后背
仰卧起坐	腹肌、髋屈肌
药球后滚	腹肌、髋屈肌
药球侧传	腹斜肌、肩部
转体	腹斜肌
单腿后举	髋伸肌、脊柱
挺胸击掌	下背部
坐姿背部拉伸	后背、肩部
躲避绳	小腿、膝伸肌

6.6 提高运动技能与安全指南

6.6.1 通过肌力与肌耐力活动提高运动技能

更强的肌力与肌耐力能够为以后的锻炼打下良好基础，能让技术动作精准可靠。因此，增强肌力与肌耐力能够提高运动表现水平。赛季的训练或赛前的训练需要一套完整的抗阻训练计划来支撑，以达到体育与娱乐活动相结合的目的。在该领域的多数研究表明，训练的适应性往往取决于运动方式、运动速度、收缩类型与收缩力量。举重时一般禁止快速运动，但如果合理监管训练强度以及训练量，儿童仍可进行增强训练（单足跳、跳跃及投掷）。在进行增强训练前，要有一定的力量训练的基础，并且在其初期，不应进行强度过大的负荷训练。

教师可以让学生通过提升肌力和肌耐力展示运动技能，如通过追逐游戏来展现不同的运动技能，这种游戏能够增强腿部肌肉的肌耐力。4年级及以上的学生可能对需要强大臂力的团队游戏很感兴趣，如画大圆。该活动需要一组学生站成一圈，互相拉住彼此的手臂，后退让圆圈越来越大，直到到达极限、学生向后倾斜为止。该活动能够让学生真切地感受到特殊的力量活动（健身操和举重）是如何帮助一个人享受生活中的乐趣的，学生也能够学到一些让肌力和肌耐力练习变得有趣的实用方法。

教师应帮助学生，让他们在课堂上了解多种运动计划和体育活动以及社区活动之间的联系。

6.6.2 安全指南

在过去，许多体适能及健康专家，甚至儿童的父母都会担忧抗阻训练对儿童来说十分危险。他们认为，抗阻训练可能会损害骨骼的发育或阻碍儿童的生长发育，但研究表明，他们多虑了——只要有合适的、安全的抗阻训练课程计划，并且在成年人的适当监护下，儿童进行抗阻训练是完全没有问题的。只要训练、监管得当，负重训练对于儿童而言就是十分有益的。即便是非常年幼的儿童也可以通过训练来提升其力量，并且抗阻训练适用于各个年龄段的儿童。这些抗阻训练包括利用儿童自身重量进行训练（如仰卧起坐、俯卧撑以及类似的运动），或者利用重量较轻的物体或弹力带进行多次重复训练。但要想进行最大力量的举重训练，需等到骨骼完全发育之后才可进行，一般为17岁左右（男生年龄有时会更大一些）。

为了确定训练时每组练习的重复次数，可以先让学生以标准动作确定最大重复次数（最多15次），之后以测得数据的一半作为每组动作的重复次数。当完成一组练习感到非常轻松时，可利用循序渐进以及超负荷原则将其增加至2~3组。当能够完成3组也不感到困难时，便可重新测试最大重复次数。克雷默（Kraemer）及弗莱克（Fleck）建议，如果训练目的在于提升力量，除非是年龄较大的学生（初中及以上），且他们也打算进行更为专业的训练，否则休息时间的制订要以学生们的身体发育水平以及体适能水平为依据。因为人体软骨的硬度远不如其他骨骼，而生长板（位于儿童长骨骼末端的区域）又是一块非常容易受伤的区域。所以，如果学生能够学会适当地进行抗阻训练，并使用较为适宜的训练负荷，那么受伤的风险就会降到最低。

如前所述，青春期前的小学生应利用自身体重、阻力相同或是重量较轻的药球进行循环训练，并且训练量和强度不应过大。如果指导合理、监护到位，那么年龄较大的小学生也可以利用阻力带以及较轻的自由重量进行安全的训练，而且不会发生危险。在训练时，一定要确保学生充分理解双人抗阻训练中需要注意的安全问题，并且在训练过程中不允许学生相互追逐打闹。同时，学生也必须明白自己的训练目的与那些青春期后的学生以及成年人不同，并不是练就一身强壮的肌肉，从生理角度来讲，这样的目标也是不切实际的。若能力允许，初、高中生可利用自由重量进行肌力与肌耐力的训练。训练活动的种类不应仅局限于哑铃和杠铃，阻力带、自重练习、自制器械（如填满沙子的塑料牛奶罐）都能作为训练器械，并且能使更多人同时进行训练。

训练安全事项中最重要的一点就是：一定要根据自身情况制订个性化的抗阻训练计划。此外，教师还应鼓励学生不断挑战自己，而非一味地与他人进行比较。

在进行负重训练过程中，应当注重的是6~15次所举起的总重量，而非一次所举起的重量。对于未成年的学生而言——从幼儿园到高中——制定切合实际的训练目标，并且注重正确的技术动作，都是十分重要的，同时也是确保其训练安全的重中之重。为了满足部分学生的竞争精神，克雷默（Kraemer）和弗莱克（Fleck）建议在比赛时一定要做到动作标准，而且不将负荷重量纳入比赛范围。

最后，如果学校建有举重室，而且学生也想进去训练，那必须确保出入方便且空间足够大。克雷默和弗莱克建议，每个器械之间的最小距离为1.5米，同时训练室空间也应当足够大，以防训练时器械突然倒塌。如果可能的话，在进行头部上方的动作时，尽量选用固定器械进行训练，如卧推架，不要选用自由重量（无固定）进行训练，但是卧推架的适用对象一般为年龄较大的高中生。

尽管有些使用重量较轻的运动不需要监护人在旁边，但为了保险起见，无论重量大小，最好都有监护人在旁边。对于学生而言，在训练时有监护人在旁辅助，有助于其肌肉适能的发展，同时还能避免一些安全问题。学生可配对进行训练，互相监护，观察对方的技术动作是否正确。

以上所述是为了给学生提供一个安全且有益的肌肉适能训练计划，儿童不能使用为成人甚至青少年设计的训练计划。所有的训练计划都需要慢慢地改进并使其个性化，之后还要常常反复评估其安全性及有效性。

通过对本章肌力与肌耐力训练指南的学习，学生可以明白安全、高效地进行肌力与肌耐力训练的重要性。教师也要牢记，让每个学生进行安全训练较行之有效的方法就是为不同学生制订个性化的训练计划，并帮助其设定切合实际的训练目标。切记，千万不能勉强学生在训练时举起过重的物体，或要求学生再做一次。相反，教师可以通过营造一种欢乐且有支持性的课堂氛围，建立奖励机制，对努力上进且能够正确运用技术动作，而非只会用蛮力训练的学生进行奖励，以此来激励学生参与训练活动，并取得进步。

在为学生选取训练活动时，一定要牢记：健康体适能教育的终极目标是让学生形成一种责任感，要对自己的健康负责，要对健康体适能负责，同时要将其作为自己的一种生活方式。

6.7 肌力和肌耐力训练

6.7.1 训练一 寻找团队金牌

6.7.1.1 健康益处

肌力和肌耐力训练对改善肌肉骨骼功能至关重要。如果训练得当，可以改善身体成分、骨骼密度和人体形态，还能防止受伤，有助于日常工作和生活。

6.7.1.2 教学目标

了解肌力和肌耐力的益处。

正确进行肌力和肌耐力训练。

6.7.1.3 教育标准

健康教育标准1：学生了解有关健康提升和疾病预防的理念。

体适能教育标准4：达到并维持一定的健康体适能水平。

体适能教育标准5：展示有责任的个人行为和社会行为，在体适能训练过程中尊重自己、尊重他人。

6.7.1.4 设备

地垫。

仰卧起坐带。

有氧运动台阶或长凳。

阻力带。

哑铃（可选）。

6.7.1.5 活动流程

（1）复习力量训练的作用。它不仅能强健肌肉，而且能矫正体形、缓解腰痛、促进身体健康等。

(2) 将全班同学分组，每组 3 人。每组都要分配"寻找团队金牌任务卡"中的一项肌力训练任务，并用 2~3 分钟时间进行讨论。每组需要对训练过程进行描述，解释此项训练的益处，并说明如何带领组员进行 30 秒训练一组的训练。给每个成员分配一个角色，如

- 力量训练师：负责向全班介绍此项训练。
- 医学专家：负责解释该项训练的益处。
- 体育运动员：在讨论期间，向全班同学正确展示训练动作。

(3) 让每个小组轮流带领全班同学进行运动，时间为 30 秒，在此期间学生需完成 1~1 组或 1~2 组节奏循环，重复 10~15 次（进行肌力和肌耐力训练时，节奏与表现技巧同等重要；1~1 节奏循环指 1 秒同心运动和 1 秒离心运动；1~2 节奏循环指 1 秒同心运动和 2 秒离心运动）。

6.7.1.6　教学提示

复习进行力量训练时的安全提示，如选择适当的形式和深呼吸。

第二次上这堂课时，应完成持续性常规练习，让学生轮流带领大家练习。

向学生发放《团队金牌任务手册》，让他们把课堂内容带到社区，同时加强对健身概念和文化的理解。

第一节课过后，学生就应熟悉任务卡的活动。在每组计划的 2~3 分钟内，教师应巡视课堂，为有需要的学生提供相应的帮助。

6.7.1.7　示范及建议

为肢体残疾的学生制作特定的任务卡，应包含适合肢体残疾学生的肌力训练（如让坐轮椅的学生进行肱二头肌弯举，锻炼双臂肌力）。

给任务卡增添图片，可以让有智力障碍的学生更容易明白如何正确地完成训练。

6.7.1.8　多样化活动

让学生自己制作电子任务卡，以数码照片展示举重练习的适当技巧、方法和安全提示。

6.7.1.9　家庭拓展任务

让学生制作一段"寻找团队金牌任务"的演讲视频，并与朋友、家人或在当地的青少年俱乐部分享。

6.7.1.10 评估

让学生们解释力量训练对促进肌肉发展的益处。

让每个学生确认在定期力量训练之后至少获得的一个健康益处。

让每个学生从报纸、杂志或互联网收集三张图片，说明力量训练是如何改善健康体适能的（例如，青少年向远处扔球、建筑工人搬水泥砖）。

6.7.2 训练二 找到安全的8~12次重复范围

6.7.2.1 强度

指体育运动的努力程度。在锻炼肌力和肌耐力时，可以通过调整阻力的大小（重量）或重复次数来增加或降低运动强度。

6.7.2.2 教学目标

学生至少可以学会确定两项重量训练的8~12次重复范围（一种是上肢训练，另一种是下肢训练）。

6.7.2.3 教育标准

健康教育标准1：学生了解有关健康提升和疾病预防的理念。

体适能教育标准4：达到并维持一定的健康体适能水平。

体适能教育标准5：展示有责任的个人行为和社会行为，在体适能训练过程中尊重自己、尊重他人。

6.7.2.4 设备

各种自由重量或重量器械。

6.7.2.5 活动流程

（1）简单向学生介绍课程原理——之所以使用8~12次重复范围是因为它是训练肌力和肌耐力的理想重复范围。它的训练强度不仅可以增强肌力和肌耐力，而且会降低受伤风险。

（2）亲自示范或找一个（你确信有能力的）学生示范：

·假装在第7次重复时，感觉力不从心。提问："我该怎么办？"（休息1分钟，并减轻重量）

·假装在第 13 次重复时，觉得很轻松。提问："我该怎么办？"（增加重量）

（3）提醒学生需要了解的正确的运动形式和其他安全规则。告诉学生，正确重复一次，仅表示朝 8~12 的安全范围迈了一小步。如果运动形式不标准，那么很可能是因为重物过重。

（4）解释当天的活动流程：

·每个站点有 2~3 人，需进行 30 秒的轻重量的热身训练，采用将够重复动作 8~12 次的重量（例如，不加杠铃片的杠铃杆或仅有 1 个、2 个或 3 个挂钩的重量器械）。用这个重量热身能帮你在进行 8~12 次重复时，预估何时会感到疲倦。

·如果你不能以正确方式重复 8 次，那么可以休息 1 分钟，减重之后再次尝试。如果可以重复 12 次，那么休息 1 分钟后，可以尝试增重。你可以和同伴轮流举重，互相监督并矫正姿势。每组训练要至少进行 3 次，方可找到你的 8~12 次重复范围。若不能完成上述训练，可以将重量调整为 2.5~5 千克，并将其记录在"重量训练表"上。

（5）首先，让学生进行 3~5 分钟的全身热身运动；其次，让学生去重量训练站点或重量器械上做热身运动，找到适合自己的重复范围。

（6）适当进行放松运动（如与举重相匹配的拉伸练习），然后下课。

6.7.2.6 教学提示

虽然我们能够找到正好可以重复 10 次的理想重量值，但是通过下述方法，本课中 8~12 次重复范围的安全系数会更高。

·为能力不同的学生提供多种选择。

·通过减少举重次数，并找到适合自己的 8~12 次重复范围，可帮助训练者减轻疲劳感。

·更容易判断安全的初始训练重量值，降低训练者选择过大重量的概率，保证训练者的人身安全。

始终要强调安全性。

·只使用之前学过的正确形式进行训练，然后进行密切监督——同伴监督——正确的运动形式。

·避免学生之间因互相竞争，而争相达到 8~12 次重复最高范围的现象。向学生强调，本次课程的目的是要为他们找到适合自己的重量值，从而帮助他们改善肌力和肌耐力，而不是运动能力。

·在学生明确了 8~12 次重复范围，并且体适能水平达标后，可以根据学生的需要和兴趣向其解释 6~10 次重复范围代表更强的肌力及 10~15 次重复范围代表更强的肌耐力。切记，设定 8~12 次重复范围要在肌力和肌耐力之间求得平衡。

·不要要求学生在课堂上确定 1 次重复最大值（LRM，One – Repetition Maximum）。在根据学生能力进行课程调整时，需考虑常识，在安全问题上尤其要慎之又慎。

6.7.2.7　示范及建议

力量训练器械、座椅和长凳可为有视力障碍和肢体残疾的学生提供便利和支持。如有必要，可让同伴帮助残疾学生坐在卧推机、腿推举机、宽握下拉或划船机、肩部推举机等器械上面。

在健身器材上张贴训练示意图和计划表以帮助学生独立进行锻炼。

6.7.2.8　多样化活动

休息一天后，让学生找到锻炼上肢和下肢的运动，并将其加入自己的训练计划中。

6.7.2.9　家庭拓展任务

让学生找到在家就可以进行的运动，并为上肢和下肢的抗阻训练找到 8~12 次重复的安全范围。

6.7.2.10　评估

检查学生"重量训练表"的记录情况，包括重量和重复次数。

确定学生在课堂上能找到两项运动的 8~12 次重复范围后，让他们运用所学知识在课后为另外两项运动找到安全的 8~12 次重复范围。

确定学生能够轻松运用所学知识，通过举重热身运动能找到安全热身运动的重量值，可助教师了解每位学生的课堂掌握情况。

6.7.3　训练三　肌肉运动

6.7.3.1　专门性原则

指为改善特定身体系统、肌肉或技巧，个人所需完成的特定训练。

6.7.3.2 教学目标

学生能够找到下述肌肉和肌肉群的位置：斜方肌、三角肌、胸肌、背阔肌、腹背肌、臀大肌、腹直肌、股四头肌、腘绳肌、腓肠肌、肱三头肌和肱二头肌，并为锻炼这些肌肉选择适当的运动。

指向身体某一部位时，学生能够说出相应的肌肉名称。

6.7.3.3 教育标准

健康教育标准1：学生了解有关健康提升和疾病预防的理念。

健康教育标准3：学生能够展示自己具有实施促进健康行为、减少健康风险的能力。

体适能教育标准4：达到并维持一定的健康体适能水平。

体适能教育标准5：展示有责任的个人行为和社会行为，在体适能训练过程中尊重自己、尊重他人。

6.7.3.4 设备

胶带。

每3名学生一个文件夹，每个文件夹中包含一份"肌肉标记图"。

6.7.3.5 活动流程

（1）课前，在活动区墙上张贴"肌肉标记图"，并向学生解释当堂课的任务是通过建立肌肉模型和肌肉训练计划来锻炼肌肉。

（2）学生3人一组，每组一套肌肉卡，其中一人示范肌肉卡中的肌肉，成为肌肉模型；另外，两名成员则需将肌肉卡贴至肌肉模型的正确位置。

（3）12张卡片全部张贴完后，小组成员需向教师索取装有"肌肉标记图"的文件夹，并据此判断卡片张贴位置是否得当；若有不当，则需要重新张贴。

（4）当小组成员确信自己完全了解12块肌肉的位置时，需将"肌肉卡"和"肌肉标记图"交还给教师。此时，教师需向每位学生发放"肌肉运动计划工作表"。

（5）复习墙上张贴的"肌肉运动海报"后，每个学生需设计自己的肌肉运动计划，为计划表中的每个肌肉和肌肉群选择训练项目。

（6）小组所有成员填完"肌肉运动计划工作表"后，需轮流带领组员完成各训练项目。

（7）学生需将计划加入自己的体适能训练计划中。

（8）大组进行讨论：①哪些肌肉的位置和名称最不容易记住？②最喜欢哪项或哪些训练项目？③如何充分利用"肌肉运动计划工作表"？

6.7.3.6　教学提示

制作训练照片和肌肉图。

告诉学生，给负责肌肉模型的学生身上张贴肌肉卡时，要尊重他人。

如果学生互相接触可能出现管理上的问题，则可依据性别分组，或负责肌肉模型的学生可根据同伴指示，自己张贴肌肉卡。

6.7.3.7　示范及建议

该活动旨在教会学生确定特定的身体部位，所有学生都应对身体构造有一定了解。有认知或学习障碍的学生可能需要同伴帮助他们识别某个特定肌肉群及其位置，例如，触摸某个身体部位并说出相应的肌肉名称或其专业名称（例如，胸肌是胸大肌或胸部肌肉；三角肌是肩部肌肉；腹肌则是腹部肌肉）。

6.7.3.8　多样化活动

学生了解肌肉后，可以在自己的肌肉标记图上做出标记，然后交给教师。

若学生尚未完全掌握肌肉群及其对应的训练，则可在每堂课中挑出几个肌肉群专门讲授，并在随后用两到三节课进行训练。

6.7.3.9　家庭拓展任务

让学生绘制一张全身运动表，以便他们在夏天或学期结束后在家运动，从而保持肌肉适能水平。

6.7.3.10　评估

指向一张特定训练照片，要求学生说出动作涉及的肌肉群。

说出一组肌肉群，要求学生讲出能对该组肌肉群产生影响的训练项目。

6.7.4　训练四　俯卧撑

6.7.4.1　强度和循序渐进原则

强度描述的是体育运动的程度。训练活动的适用强度取决于训练者的年龄和体适能目标。增强肌力和肌耐力时，可通过调整阻力（重量）或重复次数来增加或降低强度。循序渐进原则是指如何逐步增加负荷，从而增强身体肌肉组织的承受力，可通过不断增加频率、强度，延长锻炼时间或兼顾三者而逐步提升训练级别。在肌力和肌耐力训练中，循序渐进原则是指增强阻力和训练强度的系统方式。

6.7.4.2 教学目标

让学生了解适合自己当前体适能水平且有能力完成的俯卧撑训练。

学生能解释强度和循序渐进原则如何适用于俯卧撑练习。

6.7.4.3 教育标准

健康教育标准1：学生了解有关健康提升和疾病预防的理念。

健康教育标准3：学生能够展示自己具有实施促进健康行为、减少健康风险的能力。

体适能教育标准3：定期参与体适能训练。

体适能教育标准4：达到并维持一定的健康体适能水平。

体适能教育标准5：展示有责任的个人行为和社会行为，在体适能训练过程中尊重自己、尊重他人。

体适能教育标准6：重视体适能训练的健康、娱乐、挑战、自我表达和/或社会交往目的。

6.7.4.4 设备

每组分发一个"俯卧撑任务"信封，3~4名学生为一组。

每个信封中装有两支彩色记号笔。

每3~4名学生一把椅子。

每3~4名学生一个长凳。

每3~4名学生一个垫子。

每3~4名学生一张图表。

墙胶（用来把图表固定到墙上）。

可选：《碟中谍》（又名《无法完成的任务》）（Mission Impossible）的音乐和音乐播放器（可选）。

6.7.4.5 活动流程

（1）复习强度和循序渐进原则的概念，并举例说明。

（2）3~4名学生为一组，每组发放一个"俯卧撑任务"信封，并检查信封中的"俯卧撑任务卡"。每组需设计5种不同的俯卧撑，包含高难度和低难度，鼓励所有学生尝试不同类型的俯卧撑，并需向学生强调以下几点注意事项：做俯卧撑的基本原则；该项训练不是竞赛；若学生都能恰当运用强度和循序渐进的原则，那么他们都会具备完成更高难度级别俯卧撑的能力。

（3）张贴一张放大的"俯卧撑任务表"，以便所有学生都可以看到。

（4）让每组学生制作自己的"俯卧撑个人进度表"，并描绘出他们所设计的5种俯卧撑（见俯卧撑任务卡上的说明）。

（5）让学生把小组的俯卧撑说明图张贴在墙上，每张图间隔约为2米。若墙面不够，则可通过其他方式固定图表，如将其粘在椅背上。

（6）说明图张贴完毕之后，要求小组成员选出与自己体适能水平相匹配的俯卧撑级别。每名学生需以正确姿势，至少重复完成10次所选的俯卧撑训练。

（7）若某一级别完成次数超过10次，则可进入下一级别的训练；若达不到10次，则需继续该级别的训练，直至达标。

（8）给每个学生发放一张"俯卧撑个人进度表"，记录自己经过几周训练后的进步情况。让学生将表纳入体适能训练计划中，以备日后使用。

（9）每组与全班同学分享最具创意的俯卧撑，讨论与此活动相关的强度和循序渐进原则。

6.7.4.6　教学提示

提供一张俯卧撑运动清单，如俯卧撑击掌、对墙俯卧撑、俯卧撑间鼓掌、双手合拢俯卧撑、双手分开俯卧撑、交叉腿俯卧撑、膝盖俯卧撑、倾斜俯卧撑。

让全班学生一起检查所有的"俯卧撑任务表"，并挑选出7~8组较难的动作，作为"班级俯卧撑卡"使用。

6.7.4.7　示范及建议

残疾学生也可以通过多种途径进行俯卧撑训练。

允许坐轮椅的学生坐在轮椅上进行轮椅俯卧撑（松开座椅安全带，让学生根据需求调整位置；固定座椅，学生将双手放在扶手上，支撑自己上下运动，并且尽可能地多做）。

若无法用双臂支撑体重,则可进行肱二头肌弯举、手臂画圆或伸展肱三头肌运动。

若上肢力量不足,则可做腿部弯曲运动,或者斜靠墙做站立式俯卧撑。

四肢力量不足、行动力很差的学生,可用楔形物或其他物体支撑胸部。

6.7.4.8 多样化活动

让学生设计出自己的俯卧撑训练,可以和同伴一起,还可以小组练习。可以单独进行俯卧撑练习,还可以和同伴或小组一起完成(需要强调的是,并不是每名学生都能在同等时间内做同样的练习,或都能做相同数量的俯卧撑)。

6.7.4.9 家庭拓展任务

鼓励学生教授朋友或家人进行各种俯卧撑训练,应符合个人的体适能水平。

6.7.4.10 评估

检查学生的"俯卧撑个人进度表"。

每个学生都在表上记录训练进程了吗?

每个学生都获得进步了吗?

将学生分成两人一组,彼此分享对俯卧撑训练与强度和循序渐进原则之间关系的理解。随机抽取小组,让小组成员与全班分享自己的想法。

第7章 柔韧性

学生对如何进行安全的柔韧性训练知之甚少，他们可能接触过一些相关内容，这些知识（包括正确的和不正确的）是通过在家里、运动中或娱乐场所进行模仿而获得的。教师的任务应该是向学生传授安全、正确的拉伸技巧，还应该告诉他们良好的柔韧性会带来诸多健康益处。具体而言，精心设计的柔韧性训练（遵循第3章训练原则）有助于使肌肉放松，改善健康体适能、肢体姿态和身体对称性，还可缓解肌肉痉挛和酸痛，并减少受伤的风险——所有类型的体育活动都会因此变得更为轻松、更安全。此外，拉伸运动可以缓解压力，增加幸福感，有助于使身体顺利地从休息状态过渡到运动状态。学生在结束训练项目前，应该应用本章关于柔韧性和拉伸技巧的知识加以放松，他们在生活中也可以应用这些知识来实现并保持良好的柔韧性。

7.1 柔韧性的定义

柔韧性是指单个关节或多个关节所能活动的极限范围。儿童可能不理解关节活动度的概念，但他们会明白自己身体弯曲和扭转的程度。对于年龄较小的学生，可以通过头部、肩部、膝关节、脚趾等部位的活动显示在不同水平上的弯曲和扭转。对于年龄较大的学生，教师可以使用橡皮泥来给他们演示柔韧性。在低温条件下，橡皮泥不能弯曲和延伸；而在高温条件下，橡皮泥会像肌肉一般拉长。对学生进行坐位体前屈和肩部拉伸的评估测试，也可以让他们认识到柔韧性的重要性。

一个关节或一组关节能够自如活动是柔韧性良好的体现。关节过于松弛或过度活动都是不健康的，可能引发伤病。松弛度指的是某一关节异常活动的程度。关节松弛意味着韧带连接产生异常，骨与骨之间不能稳定地通过关节相互联合。活动过度是指某个关节的活动范围超过一定的限度，这两种情况都会造成运动损伤。关节存在过度活动情况的人应避免将该关节拉伸到极限位置，并应尽可能使所有关节处于稳定状态。

柔韧性可分为两种。第一种是静态柔韧性，是指不强调速度的关节活动范围。一个人静态柔韧性的极限是由其自身拉伸的极限所决定的。第二种是动态柔韧性，是指在中等或较快的速度条件下，参与运动的一系列关节所能达到的最大活动范围。动态柔韧性练习常用于特定的运动项目。弹跳式的运动并不属于动态柔韧性，因为它更接近于反弹式伸展，而非特定肌群控制的、有意识的主动拉伸。

7.2 拉伸的种类

拉伸是一种维持和提高柔韧性的方式，它的种类有很多，体育教学应该倡导静态拉伸以及可控的动态拉伸。静态拉伸运动产生的消极影响小，同时带来的好处更多。专家们逐渐意识到动态拉伸是一种安全的弹性拉伸手段，动态拉伸的关键是通过调节活动范围以可控的方式进行运动。体育课上不应讲解关于弹性拉伸的知识。弹性运动可能与速度、协调性、力量有关，而非柔韧性，能够促进柔韧性的拉伸有以下6种类型。

（1）在主动拉伸（独立的）中，拉伸者主动发力，通过动员拮抗肌来实现拉伸。

（2）在被动拉伸（辅助）中，人、搭档、重力或器械提供拉伸的力量。

（3）静态拉伸是一种缓慢、持续的伸展，过程持续10～30秒。拉伸肌腱单位至感到轻微不适的位置，然后稍微向后退一点，保持拉伸到产生不适稍前一点的位置。这种拉伸通常被认为是安全的,而且不依赖于与搭档的合作。在体育课上,特别是在初级水平,这种拉伸往往是优先选择。静态拉伸的优点包括降低关节拉伸超出正常范围的危险以及减少肌肉酸痛。

(4) 弹性拉伸涉及快速移动、反弹和利用动量产生伸展。如 PNF(在后面的词汇表中予以说明),它会引起肌肉酸痛。PNF 拉伸一般专供专项运动的教练和运动员使用,并不适用于日常体育课。弹性拉伸的一个例子就是连续弯腰伸手够脚趾。

(5) 动态拉伸与弹性拉伸不同,它是指通过身体某个部位的运动,可以逐渐提高关节活动范围和移动速度。人们常常将动态和弹性两个术语混用,但动态拉伸与弹性拉伸不同,它不需要反弹性和突然性的运动。动态拉伸的例子包括控制腿和手臂的摆动,使之在学生的安全运动范围内。

(6) PNF(本体感觉神经肌肉促进疗法)是一种静态拉伸,它融合了主动和被动拉伸技术。这种特殊的静态拉伸将收缩和放松动作相组合,利用反射和神经肌肉系统的原理去放松被拉伸的肌肉。PNF 对于提高柔韧性起着很大的作用。PNF 的教学和实施相对较难,也会产生更明显的肌肉酸痛感。通常在第一次重复之后,关节活动范围会发生很大变化,并产生持久的改变。PNF 拉伸每周需要进行一次或两次。这种类型的拉伸不建议 6~10 岁的儿童尝试,但处于青春期的学生,或那些已经建立了坚实的运动基础,或有合格教练指导的职业运动员可以尝试。PNF 拉伸通常需要一个搭档,安全、适当的指导和责任心是进行这种拉伸运动的关键。当学生没有认真负责的态度,不听同伴的提示(而勉强拉伸),或者他们不正确地拉伸时,都可能会受伤。

瑜伽拉伸是一种独特的拉伸方式,属于静态拉伸,其重点是躯干肌肉组织的拉伸。这种拉伸形式起源于 3000 多年前的精神集中练习,即现在的瑜伽。人们经常在工作室、健身俱乐部里练习多种形式的瑜伽,并将其融入从幼儿园到高中三年级的课程中。虽然其对心灵、身体、精神的影响是很难评估的,但目前的数据有力地证明了其对生理和心理上变化的促进作用。练习瑜伽可以减少压力,提高身体力量,并在相对较短的时间内提高柔韧性。在体育教学中要格外注意瑜伽拉伸运动,因为有些极限的体式可能会大大增加受伤的可能性。

7.3 柔韧性的益处

专门性原则表明，每个关节的活动范围都取决于在此关节处进行的柔韧性练习，因此，下述益处只有在肌肉和关节都得到拉伸的情况下才会产生。提高身体柔韧性的好处，如下内容所示。

（1）减少肌肉紧张，使之放松。

（2）运动更轻松。

（3）提高协调性。

（4）增大活动范围。

（5）降低受伤的风险（尽管正常的柔韧性对肌肉健康来说十分重要，但没有明显证据证明柔韧性越高，受伤风险越低）。

（6）更好的身体反应和姿势的协调性。

（7）改善了体内循环系统和换气能力。

（8）使肌肉收缩更流畅、更轻松。

（9）可以缓解肌肉酸痛。

（10）保持正常的柔韧性水平可以预防腰背疼痛和其他脊椎问题。

（11）改善个人形象。

（12）维持并提高运动技能。

每个人都具有柔韧性，无论是健康人士还是残疾人士，每个人都可以学习拉伸，并从改善关节活动度中获益。这些益处有助于保持身体健康和获得个人幸福，其重要性在每天的体育课程中已经得到了多次验证。

7.4　柔韧性的影响因素

不管柔韧性受什么因素影响，大多数人都可以通过合适的、规律的拉伸练习来提高其柔韧性（每周2~3天）。不过请记住一点，许多因素影响着柔韧性，每个关节的柔韧性受很多因素的共同影响。应该向学生强调的是，无规律地进行柔韧性练习也会产生不好的结果。俗语"用进废退"也适用于此，以下是影响柔韧性的一些因素。

（1）肌肉温度影响肌肉弹性，也影响肌肉拉伸超出正常放松状态和从拉伸状态返回到初始状态的能力。

（2）年龄和性别会影响柔韧性。儿童通常比成人有更好的柔韧性。此外，在小学和高中阶段会发生一些变化，即在12岁之前柔韧性会保持稳定或逐渐下降，而后在15~18岁增加到峰值。女性通常比男性拥有更好的柔韧性。此外，研究表明，在生活中制订一个合理的柔韧性训练计划可延缓肌肉组织的弹性下降和退行性变化。

（3）组织干扰，如过多的体内脂肪或者发达的肌肉组织，是另一个影响柔韧性的因素。这种约束也可能包括骨骼和关节的限制，如在肘关节位置，由于骨骼的限制，活动范围不能超过180度。不要让组织干扰、妨碍学生柔韧性的提高。高体脂通常是不运动的结果；而且过于发达的肌肉也是一种限制因素（一般在高中之前都不会），肌肉发达的学生往往缺乏柔韧性训练计划。在教师的帮助下，他们都可以提升并保持较好的柔韧性。

（4）遗传对柔韧性也有一定影响。由于每个人的基因构成不同，柔韧性可能受限也可能过度发展（过伸）。即使如此，个人也必须经常活动关节使之保持柔韧性。如果不这样做，就可能对其活动范围产生不利影响。

其他可能限制柔韧性的因素包括疼痛、较差的协调性和力量、运动强度以及肌腱单元的延伸性（肌肉处于紧张状态）。注意，这些限制因素大多可以转变，起到促进柔韧性发展的作用（减轻受伤后的疼痛，加强协调性以及减轻肌肉的紧张）。设计柔韧性训练计划应该考虑每个人的限制因素。

尽管在一个经过精心设计、循序渐进的柔韧性训练计划中，大多数的限制因素都可以被克服，但产生的疼痛不应被忽视，骨骼或关节结构造成个人的局限性需要特别关注。某些疾病（如肌肉萎缩症和大脑性瘫痪）也会限制柔韧性，在这些情况下选择合适的拉伸活动时，人们应该咨询体育教师或医生。

7.5 柔韧性的教学指导

柔韧性是健康体适能的重要组成部分。柔韧性训练应该作为一个单独的课程形式进行，而不应仅作为热身或放松运动。柔韧性训练是一个正在迅速发展的健康体适能领域。每个人都可以学会正确的拉伸，也都能从中获得益处。首先，选择能满足课程需要的拉伸类型，允许学生选择并参与各种不同的柔韧性训练。训练可以在热身或放松运动中进行，或贯穿整个课程。在完成一套完整的全身练习后，教师可以使用站点卡片调整热身或放松运动，或是让学生们选择具体的练习来满足他们的个人目标。

在体育教学中，静态拉伸通常是首选，这是提高活动范围最安全的方法之一。最近的研究结果显示，向课程中添加可控的动态拉伸是有好处的。一次有计划的拉伸活动不需要花太多时间，就能充分保证每个人都可以正确地完成。

制定一个规律的柔韧性健身课程时间表并在课堂上进行拉伸运动，还应该做到符合FITT原则中的定义、基本概念和安全预防措施。这种方法不仅可以让学生知道拉伸的重要性，而且能够将柔韧性的理念知识和健康体适能的各个方面进行整合，同时向学生解释课堂上进行的柔韧性练习和体适能评估中坐位体前屈、肩部拉伸、躯体伸肌拉长等柔韧性测试之间的关系。与其他的健康体适能成分一样，进行定期的柔韧性评估可以让学生们了解他们现在的水平，有助于他们设定目标，不断进步。

就像举重训练一样，正确的姿势和技术对于柔韧性训练是很重要的。不恰当的拉伸会使学生的关节和结缔组织在活动中承受过大压力而存在受伤的风险。同时，也应该强调在柔韧性训练中，无论有没有伙伴都不适合嬉戏玩耍，因为可能会受伤，在使用PNF或搭档进行拉伸运动时尤为重要。教育学生在进行柔韧性训练时要注重安全，要缓慢、渐进、个性化发展。

柔韧性教学的两个主要优势是：第一，不需要太多设备；第二，许多地方都有足够的空间进行拉伸。例如，学生可以在体育馆、教室、走廊或者人少的地方进行拉伸运动。可以将垫子等放在地上用来保护衣物。海报、任务卡和图片演示可以帮助学生在训练中独立练习。柔韧性教学的目标是，学生应该理解柔韧性的定义、安全的拉伸方法以及柔韧性的重要意义与提高和评估柔韧性的方法。

7.6 柔韧性的训练原则

所有的学生都应该学习如何应用这些原则进行柔韧性的训练，这些原则在第3章和每一章关于健康体适能的内容中都有介绍。运用这些训练原则有助于学生提高柔韧性，也有利于他们有计划地实施FITT指南。

7.6.1 超负荷、循序渐进、专门性、周期性、个性化

根据超负荷原则，若要适应并提高柔韧性，肌腱单位一定要拉伸，直到出现紧张感（轻微的不适）；然后就稍微后退一点，在某个位置上保持拉伸到出现不适。循序渐进原则要求逐渐增加每一次拉伸的时间，开始保持10秒，直至达到至少30秒。学生不应该使用该原则增加肌肉上的负荷（张力），因为他们只能在关节正常活动范围内拉伸肌肉。如果他们拉伸到轻微不适的程度，然后稍微后退一点，这便是超负荷时合适的紧张度。拉伸会让人感觉很紧张，但不是疼痛，最重要的是，让人打消了"没有疼痛就没有收获"的想法。柔韧性训练不应该产生疼痛感（见本章后面"柔韧性活动安全指南"）。专门性及其原理与健康体适能的其他方面一样，是为了提高某一特定部位的柔韧性。一个人必须定期拉伸某个特定的肌肉或肌肉群，并形成规律。美国国家运动医学学会建议每周2~3天，直至5~7天进行柔韧性训练。根据周期性原则，如果一个人停止柔韧性训练，那么他的

柔韧性将不会提高和保持。正如在其他章节中所描述的训练原则，每个学生都应该根据需要、身体限制以及个人目标进行练习。

7.6.2 FITT 指南

表7-1提供了在做拉伸运动时如何根据FITT指南把握时间和类型的信息（搭档帮助拉伸和PNF拉伸）。建议每天进行柔韧性训练（每周2~3次，但最好是每天），这样的效果很好。每周增加的柔韧性练习次数也是增加肌肉负荷的方法，如从3次加至7次。如前所述，所有柔韧性训练的强度都应该控制在产生不适之前（拉伸到出现轻微的不适感，然后稍微后退）。在一项安全有效的柔韧性训练计划中，强度是一个非常重要的因素。超出限度产生不适的静态拉伸（疼痛）不仅会降低学生进行拉伸的意愿，而且增加了受伤的可能性，进行一次训练的动作保持时间建议在10~60秒。美国国家运动医学学会提出拉伸的时间为10~30秒（注意：学生刚开始拉伸时，应保持较短的时间，之后逐步延长到30秒）。这些拉伸类型旨在保持和提升柔韧性，如静态拉伸、PNF拉伸、合作拉伸和动态延伸。

表7-1 FITT指南应用于柔韧性训练

原则	指南
频度	每周2~3天，最好是每天，要在热身运动提高了肌肉温度之后再进行训练
强度	缓慢拉伸肌肉，直到产生轻微的不适，然后稍微往后退
时间	每块肌肉或肌肉群最多可拉伸2~4次，每次拉伸保持10~30秒。在拉伸前要进行适当的热身运动
类型	体育课程的首选拉伸运动是可控的针对所有肌肉或肌肉群的拉伸

在学生进行任何柔韧性练习之前，一定要提供适当的指导，让学生在拉伸运动前主动进行热身运动。年少或缺乏经验的学生应该学习基本的静态拉伸运动，这些运动有利于增强主要肌肉群的柔韧性，而年长或者有经验的学生可进行更多样化的专项拉伸运动，并学习先进的拉伸技术。

波姆帕（Bompa）建议在学生6~10岁的时候奠定一个坚实的基础，即指训练的起始阶段。他还建议在学生成长期的不同阶段设置一种标准来指明学生在这些时期适合做哪一种基本类型的拉伸（静态、动态和PNF）。PNF拉伸和合作拉伸适用于成熟、负责任并接受过指导的学生。如果没有正确地进行这些类型的拉伸，可能构成安全隐患。

让学生遵循 FITT 原则，通过可控、稳定的拉伸，控制每一次拉伸直到刚产生紧张感而不是疼痛——无论他们之前学习过什么。学生应该被允许独自进行每一次的拉伸运动，只做对他们来说很舒服的运动，而不是他们的同学能够做到的运动。应该让学生明白，如果动作正确，弹性拉伸只适用于某些特定的专项运动。

如果学生的柔韧性过好（表现为关节活动度过大）、关节活动范围异常（关节松弛），或者严重缺乏柔韧性，甚至有其他不常见的骨骼或关节结构限制，这些异常都会造成严重的安全性问题，教师应该联系学生并和其家长见面，建议父母和学生咨询专业的健康护理人员，从而进行进一步的评估。

7.7　提高运动技能与安全指南

通过柔韧性活动来提高如果有一个完整的关节活动范围，学生会更容易学习和掌握运动技能；相反，有关节活动范围限制的学生很难掌握同样的运动技能。例如，想要完成凌空踢球动作的学生必须有很好的臀部和腿部的柔韧性，良好的柔韧性有助于提高运动技能。指导学生通过柔韧性练习加强运动技能，并指出所教授的拉伸方法和学生在课堂上所学运动技能之间的联系。当学生在柔韧性和体育活动之间建立了联系，他们将更有可能继续运动以提高柔韧性，并将其作为一种生活方式。

体育课上，关于拉伸运动有很多安全问题需要注意，前面讨论了柔韧性的限制因素。在进行拉伸运动之前，学生应该先完成全身的热身运动。那些身体有残疾的学生可能需要花费更长的热身时间增强关节的柔韧性。在静态拉伸时，学生应该做出比较缓慢的动作，每次拉伸都要保持在轻微的不适感产生之前的位置（感觉不舒服的时候稍微后退），并持续 10~30 秒。对于动态拉伸，学生可以模仿某些专项运动的动作，动作幅度较大，但应该保持在可控范围内。按照这样的方式，教师可以让学生相对独立地进行训练。

其他通用的规则主要有三条。第一条规则是确保学生在进行柔韧性练习时，尽量避免某个关节没有练到。建议学生保持"柔软的膝盖"和"柔软的关节",这样就可以帮助他们避免韧带在任何时候产生不必要的过度拉伸。

第二条规则是关于因勉强拉伸造成的过度拉伸。这一条要求学生注意疼痛和其他身体不适的感觉。学生在勉强拉伸时,韧带容易超出正常活动范围,可能会造成损伤。

第三条规则是绝不允许学生在拉伸的过程中过度弯曲(腰部弯曲)或过度伸展脊柱,因为这个动作会对脊柱的椎间盘造成额外的压力。在前屈的位置可以弯曲髋关节,但不可以只从腰部弯曲。下背部(腰)椎间盘压迫是实施坐位体前屈测试的原因之一,在腰部位置向前弯曲会增加椎间盘的压力。每次只拉伸一条腿可以减轻压力,但同样不建议过度的拉伸,因为这会向前挤压到椎间盘。可以从髋关节弯曲的位置开始拉伸,但是不能超出正常范围至过度拉伸。在某些情况下,医生可能会通过过度拉伸动作治疗患者的下背部,但大多数人还是应该避免做这种动作。如果扭转或旋转运动与过度弯曲或过度拉伸同时起作用,则会加重椎间盘的压力。虽然这种动作可能不会立即产生损伤,但随着时间的推移,这些动作可能会导致椎间盘的慢性退变并伴随腰痛。

禁忌练习是指如果继续练习,会对练习者造成伤害或有可能提高运动风险的练习。在禁忌练习后,可能不会每一次都产生伤害,但对组织的重复轻微创伤可能会持续数周或数年的时间,有几项练习应避免涉及,以降低关节损伤的风险。

之前已经讨论过有关活动范围过大、关节松弛以及柔韧性活动的安全等问题,当一名学生做了一项关节超出正常运动范围的练习时,如某些过度伸展或过度弯曲的练习,会造成关节松弛或受伤的可能性增加。

出于这些原因,教师应该为柔韧性练习提供替代方案,并记住运动处方的具体原则及可用性。一些体育运动对关节活动范围的要求很高,如体操、舞蹈;还有一些姿势对关节活动范围的要求也很高,如棒球捕手需要保持深蹲的动作。在这些情况下,有必要遵循规定的运动处方进行动态的和专业的柔韧性练习。在热身运动后,需要保持高度的专注进行积极的热身和静态拉伸。在许多情况下,教师没有时间或不具备专业知识应对特殊情况的发生。科尔宾等人指出体育教师应满足大多数人的需求,做到在降低消极影响的同时带来最大的好处。如果用其他的练习替代可能会造成伤害的练习,那么这将是更安全、更有效的训练计划。

柔韧性与健康体适能的其他成分类似，因此不应将它归为热身和放松运动。在适当的时候，可以将其作为课程的核心活动。这种方法将会让学生有时间来体验合理的柔韧性练习有多么重要，还可以保持轻松和快乐。此外，将学生在课堂上进行的拉伸运动和他们在课堂外进行的活动联系起来有重要的教育意义。良好的柔韧性为扩大关节活动范围打下良好的基础，它反过来又提高了健康体适能的整体水平，纠正了姿势，降低了受伤的风险，并且提高了进行体育活动的安全性。在健康体适能的教育活动计划中，可控的拉伸练习最为合适。此外，静态拉伸为大多数学生提供安全的柔韧性训练，而且消极作用小。针对不同类型的拉伸练习，为学生提供相应的示范和经验，能够在保证安全的条件下维持个体的柔韧性。

7.8 柔韧性训练

7.8.1 训练一 标记伸展点

7.8.1.1 专门性原则

锻炼者为提高某一部位的柔韧性而必须对特定肌肉或肌肉群进行定期（可以每天进行）训练。

7.8.1.2 教学目标

了解柔韧性的定义，并且明确特定身体部位和肌肉群所对应的各种柔韧性练习。

了解拉伸训练对预防受伤、促进肌肉和关节健康的重要性。

7.8.1.3 教育标准

体适能教育标准2：证实自己了解各种运动项目的理念、规则、策略和战术，并能用于体适能训练的学习和展示过程。

体适能教育标准3：定期参与体适能训练。

7.8.1.4 设备

地垫。

铅笔或记号笔，每人1支。

7.8.1.5 活动流程

（1）向学生解释柔韧性的定义及其重要性，柔韧性训练的作用是维持关节的正常活动范围。为使肌肉正常拉伸，进行训练时应缓慢而小心。锻炼者拉伸时应感觉肌肉腹部有轻微拉伸感，则说明拉伸得当。

（2）进行此项活动时，应在室内张贴"柔韧性益处任务卡"。

（3）2~4个学生为一组分布在不同站点。

（4）发出开始口令后，学生应进行图中所示的柔韧性训练，每个动作应保持10秒。

（5）训练结束后，小组讨论哪个肌肉群得到了锻炼，就在工作表上相应的位置标"×"。

（6）休息一会儿之后，进行下一个站点的训练。

7.8.1.6 教学提示

提示学生进行拉伸运动前要先热身和放松。

为避免碰撞，所有学生都应以顺时针方向进入下一个站点。

7.8.1.7 示范及建议

注意力不集中的学生可能会需要他人的帮助。

7.8.1.8 多样化活动

教师应剪开卡片，身体部位的名称就不会出现在站点卡上了，由此增加了学生完成工作表的难度。

7.8.1.9 家庭拓展任务

让学生教授朋友或家庭成员开展柔韧性训练，还可以让学生在课堂上进行练习，并让他们的朋友或家庭成员撰写简短说明，证明该学生已经完成了训练任务。演示拉伸运动，说出主要肌肉群的名字。

7.8.1.10 评估

复习工作表，正确识别目标肌肉。

7.8.2 训练二 类型转换

7.8.2.1 专门性原则

锻炼者为提高某一部位的柔韧性，而必须对特定肌肉或肌肉群进行定期（可以每天进行）训练。

7.8.2.2 教学目标

学会如何将专门性原则应用到柔韧性训练中。

能够辨认出某项运动中用到的特定肌肉群。

7.8.2.3 教育关系

体适能教育标准2：证实自己了解各种运动项目的理念、规则、策略和战术，并能用于体适能训练的学习和展示过程。

体适能教育标准4：达到并维持一定的健康体适能水平。

体适能教育标准5：展示有责任的个人行为和社会行为，在体适能训练过程中尊重自己、尊重他人。

7.8.2.4 设备

足够每个站点使用的空白索引卡。

铅笔，每组1支。

地垫。

轻松的背景音乐和音乐播放器（可选）。

7.8.2.5 活动流程

（1）设置柔韧性站点，每个站点放一张柔韧性益处任务卡及若干索引卡。

（2）课前进行简单热身，如在活动区域竞走，并复习柔韧性的定义，讨论柔韧性，需注意以下几点。

·柔韧性是指关节在全部活动范围内的活动能力。

·提高柔韧性最安全的方式是静态拉伸。静态拉伸是肌肉缓慢、持续的伸展过程。

·出现轻微不适感时，可稍稍放松，并保持姿势10~30秒（或回到感觉不适前的伸展程度）。

·了解柔韧性训练与安全进行体育锻炼之间的关系。

·要求学生一般在热身活动结束后要进行柔韧性训练，以将身体调节至适宜进行体育锻炼的状态。此外，柔韧性训练之后应进行放松活动。

·观察热身和伸展运动结束后身体所出现的变化。热身是无压力活动，可刺激全身的血液循环。热身运动与伸展运动截然不同，一般在热身后进行伸展运动，最后再进行放松活动。这一点很重要，因为学生一般会认为伸展运动就是热身和放松，因此，很多学生在进行伸展运动前都没有热身。这个过程不利于伸展运动，可能会导致受伤。

（3）学生可以锻炼特定肌肉群的柔韧性，也就是说，要想腿部肌肉获得柔韧性，需要进行腿部关节和肌肉的伸展；要想肩部肌肉获得柔韧性，则需要进行肩部关节和肌肉伸展运动。此外，不同的训练——足球、舞蹈或游泳——需要身体不同部位具有柔韧性。

（4）3~4个学生为一组，每组1支铅笔，分派一个站点。

（5）学生预知：

·完成柔韧性益处任务卡上的静态拉伸需10~30秒；

·找出一项受益于拉伸的活动（如足球中的防守、舞蹈中的跳跃、游泳中的手臂划水等）；

·在空白的索引卡上写下活动名称；

·将索引卡（正面朝下）和柔韧性益处任务卡放在各个站点。

（6）每隔几分钟就需更换站点，这是由运动时间和站点数量而定，播放或停止音乐有助于更好地转换站点。

7.8.2.6 教学提示

如有必要，可在训练前回顾一下即将拉伸的肌肉群的位置、功能及正确的运动形式。

建立足量站点，每个站点不超过4人。

热身或放松活动后使用柔韧性站点。

7.8.2.7 示范及建议

同伴之间可互相帮助，正确完成伸展运动。

残疾学生也可尝试该项活动，再根据情况改变该项活动。

在墙上或地面上贴上指示箭头，指引学生走向下一个站点。

7.8.2.8 多样化活动

让学生写下他们喜欢的运动及想要在体育课堂上所学到的内容，而不仅仅是列出伸展运动的益处。

7.8.2.9 家庭拓展任务

让学生记下他们在日常生活中能从伸展运动中受益的家务活动的名称。

7.8.2.10 评估

收集写有学生建议的索引卡，回顾并评估学生在站点柔韧性训练的完成情况。

让学生为每个站点拉伸的肌肉群命名。

7.8.3 训练三 运动专场

7.8.3.1 专门性原则

锻炼者为提高某一部位的柔韧性，而必须对特定肌肉或肌肉群进行的定期（可以每天进行）训练。

7.8.3.2 教学目标

学生可以为自己喜欢的体育活动设计特别的伸展运动。

随着伸展训练时间的增加，学生的柔韧性得以提高。此外，他们还可运用专门性原则来防止运动受伤并改善运动表现。

7.8.3.3 教育标准

健康教育标准1：学生了解有关健康提升和疾病预防的理念。

体适能教育标准3：定期参与体适能训练。

体适能教育标准4：达到并维持一定的健康体适能水平。

7.8.3.4 设备

地垫。

空白纸（用于写下自己设计的柔韧性训练活动）。

每项运动或活动配一个标记（用于标记运动站点，以便找到对应的复用图）。

铅笔。

7.8.3.5 活动流程

（1）复习或教授学生专门性原则，并简要讨论如何将其应用于柔韧性训练。

（2）概述柔韧性训练情况并让学生选择一项柔韧性训练；引导或让学生代表带领学生们做至少5分钟的全身热身运动（最好是有氧运动）。

（3）将全班同学分为4组，每组一个活动区域进行伸展运动练习。要求学生在规定时间内，按照安全规定来反复练习伸展运动，让学生自己或以小组形式填写"肌肉和身体部位伸展表"。

(4) 让学生一起讨论：若运动频率和强度适当，某项伸展运动会如何提高运动表现。

7.8.3.6 教学提示

若有可能，学生不仅需在课上还需在课外针对特定运动项目进行伸展运动。伸展运动结束后，需要做放松运动。

学生需在每节课上调整运动区域，这样在活动结束时，才能将运动伸展清单填充完整。

7.8.3.7 示范及提示

修改训练运动前，可让残疾学生尝试参加该项活动。

可运用同伴互助模式，或使用语言提示、图片提示、自我展示，让残疾学生与其他学生搭伴训练，以便模仿练习。

7.8.3.8 多样化活动

若有学生对复用图中的运动不感兴趣，可让其选择其他伸展运动。换言之，我们的目的是为学生设计合理的柔韧性训练计划，以提高他们的运动表现水平。

7.8.3.9 家庭拓展任务

让学生带领同伴在简单热身后、剧烈运动前进行伸展运动。

7.8.3.10 评估

每项运动结束后，填写"肌肉和身体部位伸展表"。

要求学生记录自己的柔韧性训练，持续 1~4 周；让学生写出他们对柔韧性训练中专门性原则提高运动表现水平的看法。

7.8.4 训练四 瑜伽简介

7.8.4.1 频率和时间

进行柔韧性训练的最佳频率是每日一次，以期获得最大收益。时间是指进行伸展运动的时长，可为 10~60 秒，应经常进行伸展运动，并逐步将时长增至 30 秒。

7.8.4.2 教学目标

通过学习瑜伽，学生能将 FITT 指南中的时间和频率原则应用到柔韧性训练中。

学生能学到一种可以减轻压力、让人感觉放松的柔韧性训练。

7.8.4.3 教育关系

体适能教育标准6：重视体适能训练的健康、娱乐、挑战、自我表达和/或社会交往目的。

健康教育标准3：学生能够展示自己具有实施促进健康行为、减少健康风险的能力。

7.8.4.4 设备

瑜伽垫。

轻松的音乐和音乐播放器。

7.8.4.5 活动流程

（1）在活动区域放置瑜伽垫和瑜伽图示。学生进入活动区域时，灯光要调暗且应播放轻松的音乐。

（2）向学生介绍活动，告知课程安排，并让他们进入教室后保持安静。教师可以简单向学生介绍瑜伽的益处和历史等。此外，还要告诉他们，瑜伽可以减轻压力，使人放松。

（3）让学生进行简单的热身，如随意走动几分钟。

（4）进行简短介绍后，让学生脱下鞋子，站定，提醒他们一定要保持安静。然后让学生面对教师，指导他们摆出山式的体式。尽管该体式和伸展运动无关，但它是后面其他活动的基础。接着，让学生们阅读卡片，模仿瑜伽体式。

（5）给学生2分钟时间阅读和练习，然后关掉音乐，进行下一个站点的运动。

（6）在一定时间内，让学生尽可能多地去不同站点活动，最后以小组放松结束。

（7）给学生发放瑜伽姿势卡和瑜伽日志，让他们每周热身后练习这些体式3次。讨论时间与柔韧性的关系，并要求他们在日志上记录接下来2~4周的练习频率和时间。

7.8.4.6 教学提示

教授这一活动之前，教师和学生熟悉瑜伽姿势和相关安全信息。

课程开始前，需要在公告板展示瑜伽图片和基本信息以及瑜伽与运动表现水平和整体健康的关系。

注意有些姿势需要在身体两侧分别进行。

7.8.4.7 示范及提示

对于那些有认知障碍或学习障碍以及行为或情感障碍的学生，可让同伴协助他们完成练习。

教师可以在活动区域四处走动，以便在学生需要的时候提供帮助。

7.8.4.8 多样化活动

可给学生提供瑜伽视频，学生便可在课后继续练习，有的瑜伽视频中还包含力量和耐力练习。

让学生设计自己的瑜伽流程，以山式开始，以放松体式结束。

7.8.4.9 家庭拓展任务

让学生和朋友或家人一起练习瑜伽，一周至少两天。

7.8.4.10 评估

2~4周后，收集学生的瑜伽日志，并对此进行讨论，建议如下：

学生认为这项活动中哪部分最有挑战性？

让学生说出为什么瑜伽可以减轻压力？

学生如何将瑜伽融入其整体的健身计划中？

第8章 身体成分

很多体育教育工作者都认同,在健康体适能教学中,身体成分是最敏感的领域之一。文化、社会、个人信仰和态度使之成为难以谈及的话题,因此,人们对其采取竭力回避的态度。但是,了解身体成分至关重要,其中包括影响身体成分的因素以及健康的身体成分带来的益处。目前,儿童肥胖症多发,且往往伴随着健康问题,在青少年阶段尤为严重。这也凸显了本章内容的重要性。精确计算出身体成分的多项指标,虽然对少年儿童来说不那么重要,但他们仍需要学习相关概念,了解积极运动的生活方式对身体成分产生的影响。年龄较大的儿童同样需要了解这些信息以及可以在他们的一生中监测和影响身体成分的工具。这些信息对预防慢性疾病来说至关重要。

8.1 身体成分教学指南

身体成分是指去脂体重(除了脂肪以外的所有组织,如骨骼、肌肉、器官和体液)和体脂量,通常以体重百分比表示。脂肪超量及脂肪肌肉比率偏高都说明身体健康有问题。有5种常用的方法可以用来测量身体成分是否达到健康水平,并有一系列数值说明是否达到健康体脂率的要求。表8-1和表8-2是推荐的体脂数据。

表8-1 男孩的身体成分标准

年龄	体脂率				体重指数			
	极瘦	健康标准	有风险	高风险	极瘦	健康标准	有风险	高风险
5	≤8.8	8.9~18.8	18.9	≥27.0	≤13.8	13.9~16.7	16.8	≥17.5
6	≤8.4	8.5~18.8	18.9	≥27.0	≤13.7	13.8~16.8	17.0	≥17.8
7	≤8.2	8.3~18.8	18.9	≥27.0	≤13.7	13.8~17.3	17.4	≥18.3
8	≤8.3	8.4~18.8	18.9	≥27.0	≤13.8	13.9~17.8	17.9	≥19.0
9	≤8.6	8.7~20.6	20.7	≥30.1	≤14.0	14.1~18.5	18.6	≥19.0
10	≤8.8	8.9~22.4	22.5	≥30.2	≤14.2	14.3~18.9	19.0	≥20.0
11	≤8.7	8.8~23.6	23.7	≥35.4	≤14.5	14.6~19.7	19.8	≥21.8
12	≤8.3	8.4~23.6	23.7	≥35.9	≤15.0	15.1~20.5	20.6	≥22.7
13	≤7.7	7.8~22.8	22.9	≥35.0	≤15.4	15.5~21.3	21.4	≥23.6
14	≤7.0	7.1~21.3	21.4	≥33.2	≤15.0	16.1~22.1	22.2	≥24.5
15	≤6.5	6.6~20.1	20.2	≥31.5	≤15.5	16.6~22.9	23.0	≥25.3
16	≤6.4	6.5~20.1	20.2	≥31.6	≤17.1	17.2~23.7	23.8	≥26.0
17	≤6.6	6.7~20.9	21.0	≥33.0	≤17.7	17.8~24.4	24.5	≥26.7
>17	≤6.9	7.0~22.2	22.3	≥35.1	≤18.2	18.3~25.1	25.2	≥27.5

表8-2 女孩的身体成分标准

年龄	体脂率				体重指数			
	极瘦	健康标准	有风险	高风险	极瘦	健康标准	有风险	高风险
5	≤9.7	9.8~20.8	20.9	≥28.4	≤13.5	13.6~16.7	16.8	≥17.3
6	≤9.8	9.9~20.8	20.9	≥28.4	≤13.4	13.5~17.0	17.1	≥17.7
7	≤10.0	10.1~20.8	20.9	≥28.4	≤13.4	13.5~17.5	17.6	≥18.3
8	≤10.4	10.5~20.8	20.9	≥28.4	≤13.5	13.6~18.2	18.3	≥19.1
9	≤10.9	10.8~22.6	22.7	≥30.8	≤13.7	13.8~18.9	19.0	≥20.0
10	≤11.5	11.6~22.4	24.4	≥33.0	≤14.0	14.1~19.5	19.6	≥21.0
11	≤12.1	12.2~23.6	25.8	≥34.5	≤14.4	14.5~20.4	20.5	≥21.9
12	≤12.6	12.7~23.6	26.8	≥35.5	≤14.8	14.9~21.2	21.3	≥22.9
13	≤13.3	13.4~22.8	27.8	≥36.3	≤15.3	15.4~22.0	22.1	≥23.8
14	≤13.9	14.0~21.3	28.6	≥36.8	≤15.8	15.9~22.8	22.9	≥24.6
15	≤14.5	14.6~20.1	29.2	≥37.1	≤16.3	16.4~23.5	23.6	≥25.4
16	≤15.2	15.3~20.1	29.8	≥37.4	≤16.8	16.9~24.1	24.2	≥26.1
17	≤15.8	15.9~20.9	30.5	≥37.9	≤17.2	17.3~24.6	24.7	≥26.7
>17	≤6.9	7.0~22.2	22.3	≥35.1	≤18.2	18.3~25.1	25.2	≥27.5

教师要从学生角度出发，以专业态度指导学生学习身体成分的内容，需要注意以下四个主要方面。

（1）表明接受个体差异的态度，要求这些学生和其他学生一起跟随老师的引导。

（2）尊重个人隐私（如不在公开场合收集身体成分数据）。

（3）有效结合身体成分和健康体适能要素。

（4）明确是否有能力帮助体脂不正常的学生，如出现临床表现，应让学生或家长寻求专业帮助。

8.1.1　接受个体差异

对于判定身体成分健康与否，教师应对是否存在绝对的指标持保留态度。谨记，由于健康范围标准不一，即使是专家也未必能在测量最佳身体成分上达成共识。在教学过程中，应将其作为个人的问题对待，每个人对此都应理解，切勿以某个学生的身体成分为例做正面或反面的示范。此外，要向学生解释遗传对身体成分也有影响（本章对此将有详细论述）。体育教育工作者应鼓励学生从整体健康和运动习惯中寻求个人满足感，而不是拼命达到一成不变的标准或迎合文化观念，应提醒学生各种体形都可以是"正常"的。

8.1.2　尊重个人隐私

教师要对学生的测量结果或体脂率保密，要妥善保管相关信息，确保学生无法获取这些信息，并且要注意有些学生的身体成分并非完美，他们可能不愿意在其他形体更健康的同龄人面前接受身体成分测量。教师应主动私下进行皮褶厚度测量、称重以及其他测量。请另一位成人协助进行皮褶厚度测量，或是当自己正在给学生测算无法抽身时，请其协助其他学生进行剩余的测量工作。要向学生说明，身体成分是个人隐私，应关注自己的测量信息。教师要与学校管理人员核对可能已投入使用的教学指南，如测量皮褶厚度时，需要获得家长许可（或至少在测量前通知家长）。需要注意的是，测量时需要另一名成年人在场，以进行必要的监管。

8.2　身体成分与健康体适能要素

如同其他各项健康体适能要素，一个人的身体成分并非孤立于其他要素而存在。事实上，向学生展示所有健康体适能要素之间的关联是很重要的，这样他们才能明白个人选择是如何影响健康体适能的。虽然遗传、环境以及文化对身体成分存在重要影响，但通过定期参加可以改善其他体适能要素的运动，也能改变身体成分（如有氧适能活动和肌肉力量训练）。

（1）有氧适能——有氧运动可消耗的能量。

（2）肌力和肌耐力——在休息时，肌肉率偏高的无脂肪组织比脂肪组织消耗（代谢）更多的能量。应向学生强调，遵循训练原则（见第3章）的体育活动有助于保持正常的身体成分。

（3）柔韧性——柔韧的身体能更好地进行有氧适能活动、肌力和肌耐力训练。瑜伽是一种可以提高柔韧性的运动。练习瑜伽的人会更注重健康和形体，做一些促进健康的事情，如健康饮食。

需要指出的是，体育活动、饮食、身体成分三者的关系与日常生活、娱乐活动以及体育活动等紧密相关。需要强调的是，遗传性肥胖的学生即使在体重和身体成分没有显著变化的情况下，通过锻炼也能显著降低健康风险。无论肥胖程度如何，即使不限制热量摄入，体育活动也能有效地降低患慢性疾病的风险。多项研究表明，相比过度肥胖但经常锻炼的人，体形瘦但从不锻炼的人存在更大健康风险。力量训练与身体成分管理：力量训练十分有助于身体成分的管理。减肥计划在减脂的同时也会消耗非脂肪组织（主要是肌肉）。力量训练可以避免去脂体重的显著减少，从而防止静息能量消耗（REE，即身体处于休息状态时所消耗的能量）的降低，肌肉组织每增加0.5千克，每天的REE可提高35千卡），这对全年的总能量消耗和体重控制能起到重要作用。

学生需要知道，与有氧运动相比，力量训练虽消耗能量，但其效果相对来说不是很明显。他们还必须清楚，从生理层面上看，肌肉细胞是不可能变成脂肪的；反之亦然（这是一个常见的误解），其实有氧运动和力量训练相结合才最有利于身体成分管理。

8.3 身体成分的测试方法

专家们在身体成分最佳测量方法的问题上并未达成一致看法。小学生应学习身体成分的基本概念和影响因素，初、高中生应学习身体成分测量的具体方法以及各方法的优缺点。

8.3.1 皮褶厚度测量

皮褶厚度测量是体育教育中一种常用的测定方法，用于测定身体成分，该方法需要使用皮褶卡钳在特定身体部位测量皮褶厚度。

皮褶厚度测量是体育教师普遍采用的方法，也是测量身体成分较为精确的方法。这种方法的花费相对较少，但是要获得准确可靠的测量结果，测量人员则必须受过良好的训练。该测量过程会耗费大量课时和教师精力，而且这种方法会与学生发生肢体接触，可能会因此引发敏感问题。如果教师在测量过程中感到不合适或无法胜任，应接受进一步的培训或者安排经验更丰富的人员（可能来自当地大学的体育教育学院或运动训练学院）进行协助。

皮褶厚度测量贴士（注意事项）：

许多教师在测量体脂率时由于种种原因而感到无所适从，其中包括以下原因。

（1）学生可能因自己的测量结果而感到尴尬。

（2）无论采取何种形式，教师可能都不愿与学生发生肢体接触。

（3）无论采取何种形式，学生可能不愿让教师与自己发生肢体触碰。

（4）准确测量皮褶厚度需要经过训练和实践。

下面是解决上述问题的方法。

（1）开展训练和实践以实现精确测量。邀请有资质的健身教练、大学体育教师、校医或者有资格认证的运动教练进行此项测量。

（2）向年龄较大的学生展示如何使用皮褶卡钳。这种方法能够培养学生的责任感，确保测量结果的私密性，还可以与信任的伙伴合作，观察整个测量过程，但要懂得考虑他人感受。如果班上有超重的学生，让学生互相测量的办法（超重的学生可能会受到嘲笑）可能不妥。有些卡钳的测量范围有限，无法测量较厚的皮褶。如果学生正在接受测量，在这种情况下，学生会感到很难堪。另外，学生应认识到人的身材生来不同，所有人在体育活动中都应该感到自己是被接纳的、舒适自在的。尽管后天可以养成好习惯，但每个人生来就是不同的。

（3）着重让学生意识到所有人所做的个人选择都会对自身身体成分产生影响，这能帮助学生将目标定位在积极锻炼的过程和健康生活方式而非结果上。另外，还需告诉学生脂肪过多、过少都不利于健康。如果学生到了合适的年龄，就可以和他们讨论进食障碍。

（4）条件允许的话，按照一人一间的标准进行测量，这样可以缓解一些学生对测量过程的不适感。

（5）如果教师与学生的肢体接触会引发顾虑，可另外安排一个专业人士参与测量工作。此外，Physical Best 可提供多种选择计算身体成分，可运用体重指数计算法来代替皮褶厚度测量法。

8.3.2 体重指数

最近，媒体越发关注体重指数（BMI），但这种测定身体成分的方法并不新鲜。多年来，BMI 一直是人口研究中用于衡量超重和肥胖的标准。联邦机构上报关于肥胖的统计数据时，通常使用这一方法，以下定义适用于成人。

（1）小于 18.5——体重偏轻。

（2）18.5~25——最佳体重。

（3）25.1~29.9——超重。

（4）超过 30——肥胖。

(5) 超过40——病态肥胖。

如果成人的BMI值大于30，健康风险（源于过高的体重）将显著增加。健康风险会随着BMI值的上升而增加。

BMI值是体重与身高之比，该公式与普通人群的体脂相关。BMI最适用于青春期后的学生，在儿童和青少年阶段，BMI标准因年龄和性别存在一定差异，女孩和男孩成熟的年龄不同，表现不同。因此，美国疾病控制与预防中心（CDC）制作了各年龄阶段的BMI表，这些量表考虑到了性别差异、快速生长期以及男孩和女孩身体发育成熟时BMI和身体成分之间关系的变化。儿童从2岁成长至20岁，均有相对应的BMI值。CDC在相关网站发布了儿童BMI计算器。针对儿童和青少年（18岁以下），不同性别、各年龄段的百分位可用于确定BMI的理想范围，建议标准如下。

(1) 少于第5个百分位——偏瘦。

(2) 大于第85~94.9个百分位——超重。

(3) 大于或等于第95个百分位——肥胖。

体脂率的数值能帮助人们有效分辨青少年患慢性疾病的风险大小，通过测定该数值，制定出如表8-1、表8-2所示的身体成分标准。这些修订过的标准数值将纳入新的Fitnessgram软件（8.6版）和报告当中。通过寻找最能区别不同体脂率区域的BMI，得出了如表8-1、表8-2所示的相应的BMI标准。表示男孩和女孩偏瘦的BMI和在CDC中针对年龄和性别的BMI得出的第5个百分位相同，其已被广泛接受为表示偏瘦的标准。

通过BMI，学生能够快速进行身体成分检查，而且可以自己完成。这种方法无须花费太多课时和教师精力，而且也方便学生课后使用。但其主要缺点是过于简化身体成分，未能将去脂体重和身体脂肪加以区分。例如，两个人的BMI和体适能水平均相同，但他们的脂肪肌肉比不同（基于遗传因素和其他身体成分的差异，如骨骼大小），连体脂率都会有很大差异（见"体脂率与BMI"）。无论一个人的BMI是偏瘦、超重还是肥胖，其健康状况都可好可坏。尽管如此，BMI还是提供了一个说明健康状态的指标，并且广泛地应用于流行病学的研究当中。有需要时可以帮助达到BMI极值的学生寻找问题原因和解决方法，并鼓励他们完成更为准确的身体成分评估。

青春期后的学生可使用"BMI 计算方法"计算自己的 BMI 值。

BMI 计算方法：

要计算一个人的体重指数，只需用体重（以磅为单位）除以身高（以英寸为单位）的平方，然后乘以 703。

BMI =［体重（磅）÷身高^2（英寸）］×703

例如，一个体重 150 磅，身高 65 英寸的男孩，可按如下方法计算其 BMI。

步骤 1：

BMI =［150÷（65×65）］×703

步骤 2：（150÷4225）＝0.0355

步骤 3：0.0355×703＝24.9

该男孩的 BMI 为 24.9。

如果使用的是公制，则以千克为单位的体重除以以米为单位的身高的平方。

BMI = 体重（千克）÷身高^2（米）

还是该名男孩，其公制下的身高为 165 厘米（1.65 米），体重为 68 千克。

步骤 1：

BMI = 68÷（1.65×1.65）

步骤 2：68÷2.722＝24.9

该男孩的 BMI 为 24.9。

8.3.3 身高体重对照表

身高体重对照表最初是由伦敦大都会人寿保险公司的保险精算师路易斯·都柏林（Louis Dublin）发明的。保险公司想要科学地预测客户投保的概率，所以才制订了这些图表。和 BMI 一样，身高体重对照表没有涉及体脂率，所以身体成分的数据过于简化，它们只对合理的体重范围起到一定指导作用。教学挂图可使教学更省事，但通过这种方法得到的结果并不准确，而且经常导致学生的身体成分被公开进行比较（应竭力避免此事）。

8.3.4 腰臀比

研究表明，体内脂肪的分布与其产生的不良影响大小相关，因此，科学家们研究了腰臀比和健康风险之间的关联。研究结果表明，梨形身材比苹果形身材相对较好。也就是说，相比腰部脂肪超标，臀部和大腿上的脂肪超标相对较好。事实上，有研究表明，苹果形身材的人有多余的脂肪堆积在腹部，这会增加日后患心脏病和糖尿病的风险。腰臀比可以简单评估一个人是梨形身材还是苹果形身材。例如，一个人腰围是71.1厘米，臀围是96.5厘米，则腰臀比为0.74（71.1÷96.5＝0.74，四舍五入至小数点后两位）。若女性的比值超过0.86，男性的比值超过0.95，说明该人属于苹果形身材并更易患心脏病、糖尿病和癌症。但针对儿童的腰臀比数据还没有进行调整或验证，因此该评价方法在健康体适能的教学中的作用有限。

虽然苹果形身材和梨形身材的概念可以帮助儿童和青少年理解脂肪的分布，但腰臀比就没那么容易理解了。例如，腰围大或臀围小，其比值也会大于1.0。鉴于这种不确定性，单独利用腰围值更加常见，原因是腰围值与腹部脂肪以及不利的健康风险之间存在紧密的联系。无论是成人还是儿童，腰围值不仅大有用处而且更容易测量。尽管当前能被认可的青少年腰围标准还未公布，但它正在研究中。无论年龄、性别、种族，若儿童腰围超过90百分位，则有很高的患肥胖并发症的风险。该结论得到美国国家数据分析的支持。

在得出更准确的标准之前，90百分位以上的腰围可以作为让学生进一步检查的依据。

8.3.5 生物电阻抗分析仪

生物电阻抗是一项非侵入式替代技术，操作简单易行。公立学校进行身体成分测量时，越来越倾向于选择生物电阻抗来替代皮褶厚度测量法。研究表明，如果采用针对大众人口的测算公式估算身体成分，生物电阻抗法可以准确测量成人和儿童的去脂体重或体脂率（误差与皮褶厚度测量法大致相同）。将不同振幅（800或500微安培）的微小测量电流（50千赫兹）通过放置在手腕和脚踝上的4个电极送入人体。这种替代性电阻抗仪器使用的是手持设备或置于两个金属支架上类似浴室磅秤的仪器。受试者站在两个金属脚垫上，通过该仪器来估算身体成分。含有大量水和电解质的组织可以导电，而储存大量脂肪的组织则无法导电，生物电阻抗法则运用了这一简单原理。虽然这种方法便于管理、易于操作，但也有一些注意事项。除非测量的是同一部分人群，而且所使用的测算公式经过了检验和交互检验，否则不建议采用厂商设置的测算公式。

如果决定使用生物电阻抗法代替皮褶厚度测量法来测算身体成分，请遵循以下建议。

（1）购买包括儿童公式在内的多个公式功能的生物电阻抗分析仪。

（2）另一种选择是购买可为使用者提供阻抗、电抗和阻抗读数的仪器，再根据测算对象的年龄、性别和群体，运用合适的公式。

（3）根据厂商建议对测量协议进行标准化。

（4）避免使用金属桌或可导电的平台。

（5）确保学生的四肢张开，稍稍远离仪器主机。

（6）要求学生取下金属饰物。

（7）保证学生体内水分充足。

（8）进餐或运动后间隔一段时间（至少两小时）方可进行测量。

在体育教学中，处理好身体成分的问题难度很高，而这部分与健康体适能任何一个要素一样重要。教师关注的焦点应该放在积极运动的生活方式对身体成分所产生的积极影响上，而非过分强调测量结果，这样才能专业、有效地进行身体成分教学。将这些资料与健康体适能各要素相结合，让学生自主参加测量过程，尊重每个学生的隐私。最后，当学生的身体成分存在严重的健康问题时，要学会识别危急情况，把问题交给有资质的卫生保健专业人员处理。

8.4 身体成分训练

8.4.1 练习一 扔飞盘消耗热量

8.4.1.1 健康益处

通过体育运动与学习投掷技巧，学生可以了解体育运动与热量消耗之间的关系。

8.4.1.2 教学目标

学生将会了解到，每天消耗至少500卡路里热量，一周能减重0.45千克（1磅）。

体会到体育运动极其有趣，而且有助于消耗卡路里，从而形成健康的身体成分。

8.4.1.3 标准关系

健康教育标准1：学生了解有关健康提升和疾病预防的理念。

体适能教育标准4：达到并维持一定的健康体适能水平。

8.4.1.4 设备

每2个学生1个小飞盘。

14个塑料保龄球瓶。

用来标记活动区域的地板胶带或塑料片（可选）。

8.4.1.5 活动流程

（1）在活动空间的边缘处放7个保龄球瓶，距墙1.5~3米，将保龄球瓶均匀放置。在瓶前设置一个1.2~1.8米的区域作为中立区域，属于防守区的学生不能进入中立区。再标记一个中场区、中点或中线。如果地板上没有画线，就可使用地板胶或塑料片进行标记。

（2）与那些希望或需要改善身体成分的人讨论如下内容：循序渐进地改变饮食和活动水平将使身体成分发生积极变化；拥有健康的身体成分会给人带来诸多健康益处，如心肺系统更健康、患糖尿病的风险降低、增加自信、关节紧张度减少以及精力更加充沛。

（3）解说游戏规则：目标是通过扔飞盘来击倒对方的保龄球瓶。在今天的活动中，每个保龄球瓶代表500卡路里，若学生将7个保龄球瓶全部击倒，则代表减掉了3500卡路里（1磅体重）。学生在任何时候都不能越过中线，他们必须发起进攻，保护自己的保龄球瓶。

（4）让学生熟练且安全地扔飞盘。

（5）把学生分成两组，随机分散在各自的游戏区。将飞盘平均分配给每个小组，让小组成员决定谁扔飞盘、谁保护保龄球瓶。防御者可以拿回飞盘，但不能进入中立区。

（6）在教师发出"开始"的信号时，学生开始游戏（并消耗那些热量）。

（7）这项活动需要大量运动，可以在一队将另一队的保龄球瓶全部击倒后停止游戏，之后调换场地，再次进行游戏。

（8）尽可能多地进行多个回合的比赛。

8.4.1.6 教学提示

学生练习游戏时，播放欢快的背景音乐。

若班级人数较多，则可分成3组，分别为投掷者（在中线），防守者（在中立区域的前面）和寻回者（在保龄球瓶后将飞盘递给投掷者）。

让每个组佩戴不同颜色的围巾。尽管这一流程可能使整体运动效果打折扣，但对于人数较多的大组来说，这样做更安全并且强调了成功所必需的策略。

8.4.1.7 示范及提示

可以为残疾学生提供其他类型的物品进行投掷或滚动，这些物品一定要操作安全，并且容易控制。

结合适当的安全技巧让残疾学生有更多机会投掷飞盘，击倒保龄球瓶。

8.4.1.8 多样化活动

可用足球代替飞盘。为了提高足球技能，让4名学生在圆锥区附近运球。发出信号后，开始踢球，试图击中保龄球瓶，学生们则可以轮流踢球。

8.4.1.9 家庭拓展任务

让学生记录体育活动日志。每连续活动15分钟，得500分，目标是让他们在3天内积累5 000分。

8.4.1.10 评估

让学生说出一些他们喜欢、可以消耗热量、促进健康身体成分的活动。提问他们，若想改善身体成分，每天需要怎样做才能消耗热量。（需要注意的是，不是每个人都应该增加热量的消耗，身体成分较低的人不应减肥。）

让学生制订一个周计划，通过减少热量摄入和增加活动量减少3 500卡路里的身体热量（他们应该使用热量图表或食品标签，并确定选定活动的热量消耗值）。让那些需要保持或增加体重的学生设计为期一周的计划，参加常规体育活动时，通过健康饮食增加热量以保持体重或增重。

8.4.2 练习二 营养记忆

8.4.2.1 食物与分量

这种以运动为中心的活动不仅能让中学生参与各种体育活动，而且能深化他们对健康饮食知识的理解。

8.4.2.2 教学目标

能分辨出不同食物的营养价值。

明确每类食物的推荐摄取量。

8.4.2.3 教育关系

体适能教育标准4：达到并维持一定的健康体适能水平。

体适能教育标准5：展示有责任的个人行为和社会行为，在体适能训练过程中尊重自己、尊重他人。

8.4.2.4 设备

保鲜袋（每组一套记忆卡）。

各种运动器材，如呼啦圈、篮球、跳绳、网球和球拍等。

8.4.2.5 活动流程

（1）每组一套卡片，并将它们面朝下放在地板或桌子上。

（2）学生一次可以翻两张卡片。每次一名学生翻卡片，当一名学生翻开两张卡片后，另一名学生就可以上前。

（3）我们的目标是将饮食指南金字塔与建议食用量相匹配。例如，一张谷物图片与写有"175~200克"（6~7盎司）的卡片相匹配。

（4）配好一对后，将两张卡片放在一起，远离其他卡片。

（5）如果学生没有正确配对，就需将这两张牌面朝下放置。重复上述行为，直到完成所有匹配。

（6）学生认为他们已经正确匹配所有卡片之后，由教师去检查。如果匹配有错误，学生可以调换卡片，直至匹配正确为止。之后，教师告诉学生匹配正确的数目。

（7）要求学生放下卡片，开始竞走、跳绳、运球、用球拍拍球或者用任何其他与运动相关的动作捡回卡片。可在呼啦圈中放置各种各样的设备供学生挑选，让他们选择取回卡片的方式。

8.4.2.6 教学提示

每组卡片的颜色不同以防止学生搞混。另外，可给每组配一个保鲜袋存放卡片。

8.4.2.7 示范及提示

所有卡片也可以面朝上进行配对，这种修改可以让学生在无须记忆的情况下进行配对。

教师可以标记卡片便于学生配对，比如，可以在卡片的左上角做标记。此外，每对卡片的标记符应不一样。

8.4.2.8 评估

让学生计算出一餐食物应具备多大分量才能满足饮食指南金字塔的要求。

使用该活动作为预测和后测。预测前，学生可以以小组形式进行合作，后测中再单独行动。

8.4.3 练习三　交叉训练的胜利

8.4.3.1 成长与发展

使用交叉训练法，学生会了解身体成分与各种体育训练形式之间的关系。

8.4.3.2 教学目标

能够解释结合了力量训练（促进新陈代谢活动的去脂组织）和有氧体适能（消耗更多热量）的身体成分的重要性。

设计一个包括力量训练和有氧体适能训练的健身计划。

8.4.3.3 教育关系

健康教育标准1：学生了解有关健康提升和疾病预防的理念。

体适能教育标准4：达到并维持一定的健康体适能水平。

8.4.3.4 设备

3支记号笔（每组一种颜色）。

跳绳（数条，供A组和C组使用）。

有氧运动台阶（供A组使用）。

篮球（供A组和C组使用）。

哑铃（数个，供B组和C组使用，且重量不同）。

阻力带或弹力带（供B组和C组使用）。

8.4.3.5 活动流程

(1) 上课前，将所需设备放置在活动区域的三个不同位置。A 组为跳绳、有氧运动台阶和篮球，B 组为哑铃和阻力带，C 组为哑铃和篮球。

(2) 绘制一张得分表，张贴在墙上，并在表旁放 3 支记号笔。

(3) 将学生分成 3 组——A 组、B 组和 C 组——每组完成一组不同的活动，活动内容可在每组的交叉训练胜利任务卡上找到。

(4) 将下述问题读给全班同学听，让学生在课上思考这个问题，告诉学生下课前还会重复一遍该问题并进行讨论：

琼正在努力减肥，她还希望减肥效果不反弹。她每周做 3 次有氧运动，每周都在增加运动强度。前两个月她的体重确实减轻了，但后来便没有什么进展，琼需要改变她的训练计划吗？

(5) 给每组发放一张"交叉训练胜利任务"，完成卡片上的活动后，小组需要在卡片上记录活动名称并在得分表上记录得分。

(6) 任务卡上的每个运动都要完成。让学生在 10～15 分钟内完成所有任务，进行有氧体适能、肌力和肌耐力训练的 C 组，完成任务后将得分最高。

8.4.3.6 教学提示

如果没有以上设备，可用有氧体适能或肌力训练代替。A 组进行的必须全部是有氧运动，B 组进行的必须全部是肌力活动，而 C 组则需兼顾二者。记住，若改变了任务，一定要更换任务卡，可能的替换活动有固定自行车运动（有氧体适能）和俯卧撑（肌力）。

需要告诉体验过第 3 章的"三种项目交叉训练"的同学，有许多方法定义和应用交叉训练原则。有氧体适能活动的重点是要训练各肌肉群和关节，而不仅是关注有氧体适能的发展。该活动的重点在于进行交叉训练，改善身体成分。

8.4.3.7 示范及提示

对每个小组的建议大致如下：

有氧运动台阶：允许残疾学生与同伴一起步行或跑步。若学生使用轮椅，可让他在指定时间使用轮椅前行。

篮球：用更小、更轻的球来代替。

篮筐：可以降低篮筐的高度以确保成功。在活动中，可让健康学生与残疾学生搭伴，助力活动顺利进行。

固定自行车：这种活动对于大多数残疾学生来说非常有效，尤其是那些有视觉障碍的学生。允许残疾学生在活动期间使用自行车；活动结束时，需要记录自行车转动的时间和距离。

需要注意的是，即使可以让残疾学生参与力量、耐力和爆发力训练，也要减少他们的活动量，增加他们的休息时间。活动开始后，如有必要，可频繁更换队员。

8.4.3.8 多样化活动

让学生说出他们习得的各种形式的体育训练如何与 FITT 原则相关联以及 FITT 原则的每个要素是如何发挥作用的。

8.4.3.9 家庭拓展任务

让学生研究长期进行各种形式的体育训练对身体成分的影响，他们可以比较健康身体成分和不健康身体成分，以此检验体育训练的效果。

8.4.3.10 评估

当三组学生完成任务卡上列出的活动后，请他们在得分表处集合，之后向学生提出以下问题。

（1）每个小组完成了多少个活动？（4个）

（2）检查得分表并找出每组完成任务情况的差异，具体有何区别？（仅做有氧运动，仅进行肌力运动，还是二者兼有？二者兼具的小组得分最高）

（3）你能从这个活动中得出什么结论？（有氧运动、肌力和肌耐力训练的结合对身体成分的价值最高。通过有氧运动可以消耗热量，通过肌力运动可以减脂，多项活动相结合可对新陈代谢产生积极影响）

（4）再次读出活动开始前的问题：

琼正在努力减肥，她还希望减肥效果不反弹。她每周做3次有氧运动，每周都在增加运动强度。前两个月她的体重确实减轻了，但后来便没有什么进展。琼需要改变她的训练计划吗？

参 考 文 献

[1] 黄涛,李旭鸿.不同训练频度对儿童体适能锻炼提升及课程优化的实证研究[J].搏击·武术科学,2021,6(7):149－151.

[2] 翁志宏,松淑惠,郑惠美.跳绳训练与核心肌群训练对小学生体适能改善之行动研究[J].海峡预防医学杂志,2016(2):2.

[3] 余榕,曾思麟.浅析儿童体适能课程开发[J].科学大众:科学教育,2020(4):2.

[4] 李云梦.发展儿童体适能的作用与方法研究[J].教育研究,2021,4(6):64－66.

[5] 宛婷婷.儿童运动体适能问题探讨[J].新一代:理论版,2018(23):1.

[6] 任志芳.浅谈少年儿童的身体素质训练[J].经营管理者,2011(22):1.

[7] 朱艳,符林园.体育游戏对儿童健康体适能的影响[J].当代体育科技,2020,10(1):121－122.

[8] 张莉.儿童体适能阐析[J].农家参谋,2017(14):145.

[9] 李亚梦,孙李,姜稳,等.3～5岁幼儿大肌肉动作发展与体适能水平的相关性[J].中国学校卫生,2019,40(8):1194－1199.

[10] 张丽丽.少儿体适能教育发展现状及提升策略[J].灌篮,2019(27):2.

[11] 刁雪纯.儿童体适能在小学教学中的应用[J].新教育时代电子杂志(学生版),2019(46):1.

[12] 王义.影响少儿体适能课程开展的安全要素[J].运动－休闲:大众体育,2021

(14):1-2.

[13] 李素军,谭伟平,梅红.体适能课程促进5-6岁儿童健康的实证研究[J].成功:上,2021(12):3.

[14] 黄倩文,李旭辉.体适能课程对3~6岁儿童运动能力影响的研究[J].体育科学进展,2020,8(4):5.

[15] 刘南希.体适能训练对儿童青少年体质健康影响发展研究[J].当代体育科技,2021,11(29):4.

[16] 王睿.儿童阶段进行体适能训练的原因分析[J].新课程教学:电子版,2018(6):1.

[17] 王粟.体适能训练对儿童青少年体质影响发展研究[J].当代体育科技,2019,9(36):2.

[18] 戴钰馨,杜光友.浅析儿童体适能训练对儿童成长的重要性[J].当代体育科技,2019,9(26):2.

[19] 王紫薇.体适能训练对6-12岁儿童生长发育的影响[J].休闲,2020(23):1.

[20] 朱小烽.儿童青少年体适能评定与健康促进[M].成都:西南交通大学出版社,2016.